J. Kemper

Hexenwahn und Hexenprozesse in Deutschland

REPRINT – VERLAG
LEIPZIG

Die zum Teil geminderte Druckqualität ist auf den Erhaltungszustand der Originalvorlage zurückzuführen.

Bibliografische Information Der Deutschen Bibliothek
Die Deutsche Bibliothek verzeichnet diese Publikation in der Deutschen Nationalbibliografie; detaillierte bibliografische Daten sind im Internet über http://dnb.ddb.de abrufbar.

Volker Hennig, Goseberg 22-24, 37603 Holzminden
www.reprint-verlag-leipzig.de
ISBN 3-8262-1114-6

Reprintauflage der Originalausgabe von 1927
nach dem Exemplar des Verlagsarchives

Lektorat: Andreas Bäslack, Leipzig
Einbandgestaltung: Jens Röblitz, Leipzig
Gesamtfertigung: Westermann Druck Zwickau GmbH

Dieses Werkchen ist selbstverständlich nicht für Kinder berechnet, sondern für die denkende reifere Jugend und das Volk. Es bietet eine Fülle geschichtlicher Tatsachen über menschliche Verirrungen, wie sie nun leider vorgekommen sind und sich auch bis in die Gegenwart, wenn auch in anderer Gestalt, hier und da noch erneuern (Ausschreitungen bei der letzten Revolution in Deutschland). Sie zeigen dem Leser, daß Schiller recht hat, wenn er in seinem Liede von der Glocke sagt: „Der schrecklichste der Schrecken, das ist der Mensch in seinem **Wahn**!"

Da diese Schrift auch für die denkende reifere Jugend berechnet ist, mußte in der ganzen Abfassung und Darstellung eine gewisse Vorsicht walten. In dieser 2. Auflage ist deshalb noch mehr als in der 1. Auflage auf die Ausmerzung aller in etwa anstößigen Stellen Bedacht genommen.

Der Zweck dieser Arbeit ist der, die reifere Jugend und das Volk mit dem Hexenwahn in anständiger und ansprechender Form bekannt zu machen und dazu beizutragen, daß dieser Wahn, der noch lange nicht völlig ausgerottet ist, allmählich zum Verschwinden gebracht werde. Bei der Abfassung wurde die auf der letzten Seite angegebene Literatur benutzt.

Da sich die Schreibweise im alten Stil beschwerlich liest und leicht das Lesen verleidet, ist durchgehends von demselben abgewichen und unsere heutige Darstellungsweise benutzt worden. Nur ausnahmsweise ist der alte Stil beibehalten worden, um auch denjenigen Lesern, die sich dafür interessieren, Rechnung zu tragen.

Der Verfasser.

Vorwort zur 2. Auflage.

Unser schönes deutsches Vaterland ist wiederholt von schweren Schicksalsschlägen heimgesucht worden. Einer der schwersten Schläge war zweifellos der unselige Dreißigjährige Krieg mit seinen fürchterlichen Folgen. Viele Jahrzehnte hat Deutschland noch nach Beendigung dieses Krieges unter dessen Nachwehen gelitten. Dieser Krieg ist auch auf die Entwicklung des *Hexenwahnes* und der *Hexenprozesse* von unheilvollem Einflusse gewesen. Das Volk war verwildert. Statt des wahren Glaubens an Gott und göttliche Dinge war religiöse Gleichgültigkeit, Aberglaube und Unglaube getreten. Da die Menschen vom rechten Wege abgewichen waren, hatte Gottes größter Feind, der Teufel, leichtes Spiel, und er hat durch Gottes Zulassung die Menschen viele Jahrzehnte genarrt und zu den unglaublichsten Roheiten und teuflischen Bosheiten verführt. Wenn auch der ganze Hexenwahn an sich der reinste Hokuspokus war, so läßt sich doch schwerlich leugnen, daß der Teufel dabei seine Hand im Spiele hatte.

Es lagen mir 22 Rezensionen des 1. Abdrucks dieser Schrift vor. Ich habe in der Neuauflage versucht, der Kritik tunlichst gerecht zu werden.

Hexenwahn und Hexenprozesse in Deutschland

*

Von

J. Kemper.

2. wesentlich verbesserte Auflage.

Mit 14 Illustrationen.

Friedrich von Spee.

Inhalt.

Illustrationen.

Der Hexenwahn im allgemeinen.

Das ist eine alte Hexe!

Wer hätte diesen Ausspruch noch nicht gehört! Der wirklichen Tragweite dieses Satzes werden sich wohl wenige bewußt worden sein. Welche Bewandtnis hat es denn mit dem Worte Hexe?

Die Gelehrten suchen das Wort „Hexe“ abzuleiten vom altdeutschen Worte hagzisa oder hagazussa oder vom altniederdeutschen Worte hagedisse oder hagetisse. Andere leiten es von hage, das soviel als gewandt, kunstgeübt heißt, ab. Simrock hält die Ableitung vom Worte Hag (d. i. Hain) für wahrscheinlicher. Wieder andere suchen die Wurzel dieses Wortes in der griechischen Sprache und leiten es von dem Worte Hekate ab. Diese Hekate war eine berühmte Zauberin im Altertume. Vielleicht finden sich solcher Ableitungen noch mehrere. Da diese Forschung für den Zweck dieses Werkchens jedoch wenig Wert hat, so können wir es bei diesen mutmaßlichen Ableitungen bewenden lassen.

(Professor Dr. Franck hat über „die Geschichte des Wortes „Hexe“ eine sehr umfangreiche Arbeit von etwa 55 Druckseiten geschrieben als Anhang zu Hansens Quellen und Untersuchungen zur Geschichte des Hexenwahns und der Hexenverfolgungen.)

Wichtiger ist für uns die Beantwortung der Frage! Welche **Bedeutung** liegt dem Worte „Hexe“ zugrunde? Was denken wir uns heute eigentlich unter einer Hexe? Gewöhnlich verstehen wir darunter eine alte, häßliche Frau mit zahnlosem Munde, die „Haare auf den Zähnen hat“ und mehr versteht als ein gewöhnlicher Sterblicher. Man glaubt, daß **sie dem Vieh etwas antun könne, daß es verkümmern und schließlich zugrunde gehen muß.**

Was man zur Zeit des Hexenwahnes unter einer Hexe verstand, erklärt uns ein damaliger Geschichtschreiber mit folgenden Worten: „Eine Hexe nenne ich ein Weib, welches infolge eines ihm vorgespiegelten oder eingebildeten Bündnisses mit dem Teufel glaubt, alle möglichen Uebeltaten durch Gedanken oder Verwünschungen, durch den Blick oder andere lächerliche, zur Erreichung eines vorgenommenen Zweckes ganz untaugliche Mittel anrichten zu können, zum Beispiel die Luft mit ungewöhnlichem Donner, Blitz oder Hagel bewegen, Stürme hervorrufen, die Früchte auf dem Felde verderben oder anderswohin bringen, unnatürliche Krankheiten den Menschen und Tieren zufügen und wieder heilen, in wenigen Stunden weite Räume durchfliegen, mit den bösen Geistern Tänze aufführen, Festmahle halten, . . . sich und andere in Tiere verwandeln und tausenderlei andere seltsame Narrheiten vollbringen zu können.“

Wir sehen, daß unser Begriff Hexe ein **Ueberbleibsel des alten Hexenwahnes** ist, der heutzutage besonders unter der ländlichen Bevölkerung hier und da noch Anhänger hat. Daß die Hexen das Wetter machen, die Früchte des Feldes verderben, durch die Lüfte fliegen und dergleichen Unsinn glaubt heute kein vernünftiger Mensch mehr. Aber der Glaube an die Einwirkung einer sogenannten Hexe auf den Gesundheitszustand von Menschen und Tieren, besonders letzteres, ist noch nicht völlig ausgestorben.

Außer den genannten Dingen wurden die „Hexen“ noch anderer schrecklichen Taten bezichtigt. Sie gruben, so glaubte und sagte man, Leichen von Kindern aus den Kirchhöfen und kochten daraus eine „Schmiere“, die Hexensalbe. Zeitweilig versammelten sie sich an besonderen, abgelegenen Orten und hielten hier ihren „Hexensabbat“, bei dem der Teufel die Hauptrolle spielte. Zu diesem Hexensabbat ritten die Hexen auf Ofengabeln, Besen u. dergl. Dingen, die sie vorher mit der Hexensalbe bestrichen hatten, durch die Luft. Berühmt geworden ist in dieser Weise der Blocksberg im Harz, zu dem sie in der Walpurgisnacht (1. Mai) eilten, um den wichtigsten Hexensabbat des Jahres zu feiern.

Der allerheiligsten Dreifaltigkeit mußten sie auf des Teufels Befehl abschwören und das Kreuz mit Füßen treten; ein Gebet zur Mutter Gottes war den Hexen vom Satan strengstens untersagt. Das allerheiligste Sakrament des Altars verunehrten sie in der schändlichsten Weise. Das waren im allgemeinen die Vorstellungen, die man sich zur Zeit des Hexenwahns von einer Hexe machte.

„Wie dieser entsetzliche Wahn über die europäische Menschheit gekommen, ist heute noch nicht völlig aufgeklärt. Seine unverhältnismäßig lange Dauer aber, von der zweiten Hälfte nämlich des 15. bis in das erste Viertel des 18. Jahrhunderts, während doch sonst solche Wahnvorstellungen und Ausgeburten einer krankhaft überreizten Phantasie wie Meteore kommen und verschwinden, erklärt sich zur Genüge aus dem Umstande, daß die höchsten geistlichen und weltlichen Autoritäten, statt die Krankheit aus allen ihnen zu Gebote stehenden Mitteln zu bekämpfen, ihr freien und ungehinderten Lauf ließen oder wohl gar durch Verordnungen und Gesetze dieselbe beförderten und ausbreiteten.“ (Dr. Seemann.)

Während wir uns heute gewöhnlich nur alte, häßliche Frauen als Hexen denken, war damals kein Alter, kein Geschlecht, kein Stand vor dem Hexenwahn sicher. Kinder und Greise, Jungfrauen und Frauen, Jünglinge und Männer, Arme und Reiche, Laien und Priester waren nicht sicher als Hexen oder Hexenmeister angeklagt zu werden, wie spätere Kapitel zeigen werden. Wie ein Fluch lastete dieser unselige Hexenwahn auf Europa, besonders auf Deutschland. Die größte Mehrzahl der unglücklichen Opfer dieses Wahnes stellten allerdings die Frauen und Jungfrauen.

Daß mehr Frauen als Männer der Hexerei ergeben seien, so daß, „wenn man einen Mann verbrennt, so brennt man wohl zehn Frauen“, leitete ein Gelehrter des Mittelalters, Geiler von Kaisersberg, aus der besonderen Natur des weiblichen Geschlechtes her. Die Frauen seien leichtgläubiger als die Männer und deshalb vom Teufel gut zu überreden; sie seien von schnellerer Fassungsgabe, deshalb aber auch bösen Phantasien zugänglicher. „Wenn eine Frau in der Jugend wohl gerät und wohl gelehrt wird, so findet man kaum einen frömmeren Menschen; also findet man keinen böseren Menschen als Frauen, wenn sie übel gelehrt werden und übel geraten.“ Der dritte Grund, „warum fräulich Geschlecht mehr verwüstet sei, denn die Männer“, ist dieser: „Die Frauen mögen übel schweigen. Was eine Frau weiß, das muß heraus, es mag nicht bleiben. Darum wenn der Teufel die Frauen also lehret, so lehret sie es eine andere Frau und die abermals eine andere, und also für und für und gewinnt viel Seelen.“ (Hexenhammer.)

Woran waren nun die Hexen zu erkennen? Hatten sie gewisse Merkmale, oder waren sie wie Kain von Gott gezeichnet? Hatte eine Frau rote, triefende Augen, so war sie nach dem damaligen Aberglauben zweifellos eine Hexe. Zeichnete sich eine alte Frau durch Häßlichkeit aus, dann war diese Häßlichkeit ein sicheres Zeichen, daß sie eine Hexe war; umgekehrt konnte aber auch große Schönheit eine Frau auf die Anklagebank bringen. Hatte jemand ein Muttermal an irgend einer Stelle seines Leibes, so zeugte dieses ganz entschieden dafür, daß der arme Mensch ein Bündnis mit dem Bösen geschlossen hatte. Mit einer wahren satanischen Wut suchten die Henker deshalb nach einem solchen Male und begingen dabei die unerhörtesten Greuel und Bosheiten.

Wer brachte die „Hexen" zur Anzeige? In der Zeit des Hexenwahns feierten Haß und Neid, Rachsucht und Eifersucht wahrhaft teuflische Triumphe. Stand jemanden ein Mitmensch im Wege oder wollte er seine Rache an ihm kühlen, flugs streute er ein böses Gerücht gegen ihn aus, oder er brachte ihn selbst zur Anzeige. Er konnte versichert sein, daß Henker und Richter sich seiner Sache gut annahmen. Freilich lag die Gefahr nahe, daß den falschen Angeber über kurz oder lang dasselbe Schicksal ereilte.

Auf alle erdenkliche Weise suchten Richter und Henker aus dem Angeklagten das Geständnis zu erpressen, daß er mit dem Teufel im Bunde stehe. Unter den geradezu unmenschlichen Mißhandlungen „gestanden" die Armen schließlich alles, was Richter und Henker zu wissen wünschten. Sie „bekannten" sich Verbrechen schuldig, die sie früher nicht einmal dem Namen nach gekannt hatten, um von den furchtbaren, unerträglichen Qualen befreit zu werden. Alles dieses brachte die Folter, der wir ein besonderes

Kapitel widmen wollen, fertig. Hatte die „Hexe“ die „gewünschten“ Verbrechen eingestanden, so wurde das Todesurteil gefällt. Gestand sie unter den fürchterlichsten Schmerzen nicht, so war sie doch wohl unschuldig. Weit gefehlt. Eine solch hartnäckige, verstockte Sünderin war die greulichste Hexe. Offenbar stand eine solche nach dem Urteil der Hexenrichter mit dem Teufel im Bunde, da sie ohne dessen Beistand die Qualen nicht ertragen, sondern sicher gestanden hätte. Wehe daher den Armen, die in die Hände der Hexenrichter fielen; sie waren meistens rettungslos verloren; sie mußten den Hexentod erleiden. „Ein besonderes Kennzeichen einer Hexe ist,“ schreibt ein Geschichtschreiber, „daß sie beim Hersagen des Vaterunsers an der 6. und 7. Bitte anstößt und nicht genau auf- oder nachbetet.“

Von den gefolterten Hexen vernahm man deren Mitschuldige, und so entwickelte sich aus einem Hexenprozesse ein ganzes Heer neuer Prozesse.

Welch unsinniger Taten die angeblichen Hexen angeklagt wurden und sich unter dem Einfluß der Folter auch schuldig bekannten, wollen wir an einigen Beispielen zeigen. Wären die Sachen nicht so blutig ernst, so würden uns die meisten dieser angeblichen Hexereien zum Lachen reizen.

In Luzern „bekannten“ zwei angebliche Hexen gegen Ende des 16. Jahrhunderts, daß sie sich in Wölfe verwandelt hätten und der Teufel in Gestalt eines Wolfes mit einer Hexe über Berg und Tal geritten sei. Eine andere Hexe hatte sich zum „drittenmal in Hasengestalt verkehrt und war so im Dorfe Hochdorf herumgelaufen“.

Die siebzigjährige Anna Ottin von Zeilitzheim „bekannte“, „sie habe über 100 Menschenmordtaten begangen und bitte, man wolle ihr, weil sie alt und schwach, drei Tage Zeit geben, wolle sie sich besinnen und alle Mordtaten, jede insonderheit, anzeigen." Diese alte Frau war jedenfalls schwachsinnig. Man denke einmal einen solchen Unsinn: ein armes Weib soll über 100 Menschen umgebracht haben!

Eine andere „Hexe" wurde zu dem „Geständnis" gebracht: Sie sei allzeit durch den Kamin zum Tanz gefahren, wo der Pfeifer (der Musikant), mitten in der Linde sitzend, den Tanz: „Pfeifen wir den Firlefanz, den Burlebanz", gepfiffen hätte. Solche Tänze seien vier im Jahre. Bei einem Tanz seien 300 gewesen und müßten hierbei die Armen leuchten, welche auch niemals mit den Reichen führen. Heute zu Mittag sei der böse Feind zu ihr gekommen und habe sie so sehr geschlagen, daß sie in Ohnmacht gefallen; sie wolle aber dessenungeachtet alles geständig sein und bleiben." Wie man zu einem solchen, aller Vernunft Hohn sprechenden „Geständnis" kam, werden wir in einem späteren Kapitel sehen.

Ein alter Mann, der als Hexenmeister eingekerkert wurde, „gestand", „wenn er innerhalb drei Tagen nicht wäre gefangen worden, so wolle er alles 25 Meilen im Umkreise verwüstet und mit Hagel und Kieselsteinen verderbt haben."

Vier Weiber, welche in den Keller eines Taglöhners, wahrscheinlich in sehr natürlicher Weise, „hineingefahren" waren und dessen Wein ausgetrunken hatten, wurden auf der Folter bald in Hexenweiber verwandelt und gaben „Zeugnis": in der Gerolzheimer Zent seien nicht 60 Personen, die über 7 Jahre alt, des Zauberns unerfahren geblieben. Es wurden erst 3, dann 5, dann 10, dann 3 Männer und 11 Weiber eingezogen und alle verbrannt. Darauf wurden wieder 26 andere gleichfalls verhaftet und hingerichtet.

Als in der Herrschaft Schongau, wo verheerende

Viehkrankheiten geherrscht hatten, im Jahre 1589 die allgemeine Klage entstand, daß „der Zauberei schändliches Laster zum Verderben der Einwohner immer mehr um sich greife“, begann sofort „das Greifen nach den Unholden“. Jede „Hexe“ zeigte immer neue an, eine Wahrsagerin sogar 17, mit welchen sie dem Teufelstanze und dem Teufelsmahle beigewohnt habe.

In Hohenburg stand eine Hexe „im Verdachte, den vorjährigen Hagel gemacht zu haben“; denn „an dem Orte, wo sie früher gehauset, war man männiglich erfreut, daß sie hinweggekommen“ sei. Ferner hatte sie ein Roß zu Tode gezaubert. Beweis: „Eine Wahrsagerin hat es gesagt.“ Sie suchte auch den Mist von Pferden auf, um, „wie gesagt worden“, den Besitzer damit zu bezaubern. — Eine andere „Hexe“ wurde in Anklagezustand versetzt aus folgendem „schwerwiegenden“ Grunde: „Man sah sie während eines Gewitters im Hofe stehen.“

Mit solchen Beispielen ließe sich ein ganzer Band füllen. Die Geständnisse, die man den „Hexen“ über ihren Umgang mit dem Teufel abpreßte, wollen wir ganz übergehen, da die Leser und Leserinnen daran Anstoß nehmen könnten. Diese angeführten Beispiele werden genügen, um den Lesern den Hexenwahn in seiner Torheit zu zeigen. Uebrigens wird im Verlaufe dieser Abhandlung gelegentlich noch eine ganze Menge ähnlichen Unsinns vorgeführt werden.

Mit der Ausbreitung des Hexenwahnes ging Hand in Hand die Verbreitung von Zauberbüchern, von Teufels-, Wunder- und Spukgeschichten und dergleichen Machwerken und diente nicht unwesentlich zur Förderung dieses Wahnes. So schrieb Christoph Gundermann 1615: „Die Heiligenbücher, die uns von Liebe und Barmherzigkeit Gottes und von den Werken christlicher Barmherzigkeit schreiben und mahnen, sind nicht mehr in solcher Uebung und Ansehen, als bei den alten, frommen Christen. Jedweder kauft Teufelsbüchlein und Gemäl und Reyme von verborgenen, zauberischen und teuflischen Künsten, und habe ich einen Schneider gekannt, der zum mindesten 40 oder 50 solcher Büchlein und Blätter, so alle in 1 oder 2 Jahren gedruckt worden, besessen hat, und wohl gar dessen sich rühmte, als sei es ehrbar und christlich, solch Teufels- und Schwarzmären im Hause zu behalten. — — Da werden auch seit langen Jahren und noch unzählig viel Zeitungen, Traktätlein und dergleichen gedruckt und verkauft über Hexen, Zauberer und allerlei Teufelsgeschwürm, auch über Wunder und Apparitionen (Erscheinungen, Täuschungen, Gespenster), so sich ereignet haben sollen, dergleichen Aberwitzigkeiten ehedem kein vernünftiger Mensch geglaubt haben würde, jetzunder aber schier alle Welt, jung und alt, hoch und niedrig gierig in sich schlingt, als wären es wahrhaftige Historien (Geschichten). Die Welt ist wankelmütig worden im Glauben, aber desto abergläubischer in allem Teufels-, Spuk- und Wunderwesen; daß Gott erbarm, was noch daraus werden soll."

Im Anfange des 11. Jahrhunderts erschien ein vom Bischof Burchard von Worms verfaßter Beichtspiegel, in dem es heißt: „Hast du geglaubt, was einige vorgeben, sie könnten Gewitter erregen, oder die Gemüter der Menschen umändern? Daß es Weiber gebe, welche durch Zauberkunst die Gemüter der Menschen umändern, Haß in Liebe und Liebe in Haß verwandeln oder die Güter der Menschen durch ihre Zaubereien beschädigen oder stehlen könnten? Hast du geglaubt, was manche gottlose, vom Teufel verblendete Weiber vorgeben, daß sie zur Nachtzeit mit der angeblichen Göttin Holda und einer großen Menge von Weibern auf Tieren reiten, ihr als einer Göttin gehorchen und zu ihrem Dienste in andern Nächten gerufen werden?"

Ein Lübecker Beichtbuch vom Jahre 1484 legte zur Gewissenserforschung über das erste Gebot die Fragen vor: „Hast du den Leuten Schaden getan mit teuflischer Kunst? Hast du Zauberei oder Wickerei getrieben mit dem heiligen Sakramente? Hast du geglaubt, daß die Leute werden zu Wehrwölfen? Hast du geglaubt an die guten Hulden? Hast du geglaubt an Zwerge, daß sie die Kinder wegtragen? Hast du geglaubt, daß die Leute fahren mit Leib und Seele bei Nachtzeit in ferne Lande und werden da untereinander wohl bekannt? Hast du geglaubt, daß die Leute kommen des Nachts und drücken andere Leute in dem Schlafe? Ein jeglicher Mensch mag sich wohl bedenken und mag das offenbaren seinem Beichtvater."

Aus diesen Beichtspiegeln ersehen wir einesteils, wie allgemein verbreitet der Hexenwahn in früheren Jahrhunderten war, und anderteils, wie die Kirche sich bemühte, diesen Wahn zu vertilgen ohne Folter, Feuer, Schwert und Rad. Letzteres begann erst nach der Kirchenspaltung, besonders im 16. und 17. Jahrhundert.

Die Hexenprozesse im allgemeinen.

Dieser unselige Hexenwahn führte zu den furchtbaren Hexenprozessen, die jeglicher Beschreibung spotten und die stets ein Schandfleck in der Menschengeschichte bleiben werden.

In der sogenannten „Karolina" wurde geboten, die Zauberei als ein Kriminalverbrechen zu verfolgen. Diese Karolina war die „Peinliche Gerichtsordnung Kaiser Karls V.", welche auf dem Reichstage zu

Regensburg im Jahre 1532 bestätigt wurde. „Bekennt jemand Zauberei, so soll man nach den Ursachen und Umständen fragen, womit, wie und wann die Zauberei geschehen, mit welchen Worten oder Werken,“ hieß es in der Karolina. „Auch soll die Person zu fragen sein, von wem die Zauberei gelernt und wie sie daran

Eine Sitzung gelehrter Richter unter der Karolina um 1550.
Holzschnitt von Hans Burgmaiers aus dem „Klagspiegel“.

gekommen sei, ob sie auch solche Zauberei gegen mehr Personen gebraucht und gegen wen, was Schadens auch damit geschehen sei.“

Die Aussagen des Gefragten, welche er während der Folterung machte, sollten nicht angenommen und nicht aufgeschrieben werden, sondern es sollten nur die Aussagen gelten, welche der Angeklagte nach der Folterung machte. Das war gewiß gut und wohl, aber in den Hexenprozessen kehrte man sich an diese Vorschrift nicht. Den Angeklagten sollten auch keine bestimmten Fragen vorgelegt werden, sie sollten freiwillig aussagen. Wie man diese Vorschrift der Karolina befolgte, werden wir später zur Genüge kennen lernen. Ferner verbot die Karolina den Richtern, die Güter der Verurteilten einzuziehen und so deren Kinder an den Bettelstab zu bringen. Auch dieses Gebot wurde wenig beachtet. Ein solches Verfahren erklärte die Karolina wider das Amt und die Würde eines Richters. Die Zauberer sollten nur dann mit dem Tode bestraft werden, wenn sie ihren Mitmenschen wirklichen Schaden oder Nachteil zugefügt hatten.

Den Aussagen von Zauberern und Wahrsagern sollte keine Bedeutung beigemessen werden. Dieser Punkt wurde später ebenfalls nicht beachtet. Wo einmal eine „Hexe" zum Tode geführt worden war, da entwickelte sich aus dem einen Hexenprozesse ein ganzes Heer von Hexenprozessen, da die eine „Hexe" eine ganze Anzahl Personen angab, die dann ebenfalls eingezogen wurden, wie wir bereits im ersten Kapitel hörten. So zeigte sich auch hier die Wahrheit des Schillerschen Ausspruches: „Das ist der Fluch der bösen Tat, daß sie fortzeugend Böses muß gebären."

In welcher Weise wurden die Hexenprozesse im allgemeinen geführt?

Auf irgend eine Anklage oder ein böses Gerücht wurde die angebliche „Hexe" oder der angebliche „Hexenmeister" gefänglich eingezogen. Wie es in den Gefängnissen aussah, beschreibt ein Zeitgenosse folgendermaßen: „Die Gefängnisse sind jetzt allenthalben wüst und schaurig. Meistens liegen sie unter dem Erdboden und sehen aus wie eine übelriechende Pfütze oder eine grauenerregende Höhle. Liegen sie aber zuweilen über der Erde, so gleichen sie eisernen Käfigen, welche nicht für Menschen, sondern für Tiger oder gräßliche Ungeheuer bestimmt sind."

Der Westfale Anton Prätorius entwirft von den Gefängnissen folgendes Bild: „In dicken, starken Türmen, Pforten, Blockhäusern, Gewölben, Kellern oder sonst tiefen Gruben sind gewöhnlich die Gefängnisse. In denselbigen sind entweder große, dicke Hölzer, zwei oder drei übereinander, daß sie auf- und niedergehen an einem Pfahl oder einer Schraube. Durch dieselbigen sind Löcher gemacht, daß Arme und Beine darin liegen können. Wenn Gefangene vorhanden sind, hebt oder schraubt man die Hölzer auf, die Gefangenen müssen auf einem Klotz, auf Steinen oder auf der Erde sich niedersetzen und die Beine in die untern, die Arme in die obern Löcher legen. Dann läßt man die Hölzer wieder fest aufeinander gehen, verschraubt, verkeilt und schließt sie auf das härteste, daß die Gefangenen weder Arme noch Beine notdürftig gebrauchen oder regen können. Das heißt im Stock liegen oder sitzen. Einige haben große eiserne oder hölzerne Kreuze, daran sie die Gefangenen mit dem Halse, dem Rücken, mit Armen und Beinen fesseln, daß sie stets entweder stehen oder liegen oder hängen müssen, nach der Art der Kreuze, daran sie geheftet sind. Einige haben starke eiserne Stäbe. An den Enden haben diese eiserne Bänder, an die die Gefangenen an den Armen hinter den Händen geschlossen werden. Dann haben die Stäbe in der Mitte große Ketten, die in der Mauer befestigt sind, daß die Leute stets in einem Lager bleiben müssen. Einige machen ihnen dazu noch große, schwere Eisen an die Füße, daß sie diese weder ausstrecken noch an sich ziehen können. Etliche haben enge Löcher in den Mauern, darin ein Mensch kaum sitzen, liegen oder stehen kann. Darin verschließen sie die Gefangenen ungebunden mit eisernen Türen, daß sie sich nicht

Im Gefängnis angeschmiedet.

wenden und umdrehen können. Etliche haben 15, 20, 30 Klafter tiefe Gruben, wie Brunnen oder Keller aufs stärkste gemauert, oben im Gewölbe mit engen

Löchern und starken Türen. Dadurch lassen sie die Gefangenen, welche sonst nicht weiter gebunden sind, an Stricken hinab und ziehen sie, wenn sie wollen, ebenso wieder herauf. Solche Gefängnisse habe ich selbst gesehen," fährt Prätorius fort, „beim Besuche der Gefangenen. Ich glaube wohl, es sind noch solche von anderer Gattung, einige noch greulicher, einige auch gelinder und erträglicher."

„Je nachdem der Ort ist, sitzen etliche Gefangene in großer Kälte, daß ihnen die Füße erfrieren und sie hernach, wenn sie wieder loskämen, ihr Leben lang Krüppel wären. Einige sitzen in steter Finsternis, daß sie der Sonne Glanz nimmer sehen. Sie wissen nicht, ob Tag oder Nacht ist. Sie alle, ihrer Gliedmaßen wenig oder gar nicht mächtig, haben immerwährende Unruhe, sie liegen viel schlechter und elender als das Vieh; sie werden übel gespeist, können nicht ruhig schlafen, sie haben viel Bekümmernis, schwere Gedanken, böse Träume, Schrecken und Anfechtung. Weil sie Hände und Füße nicht zusammenbringen und wo nötig hinlenken können, werden sie von Läusen und Mäusen, Steinhunden (Nerz oder Nörz, kleines Raubtier aus der Familie der Marder) und Mardern übel geplagt, gebissen und zerfressen. Zudem werden sie täglich noch mit Schimpf, Spott und Drohungen geplagt und schwermütig gemacht."

So schrieb der genannte Westfale im Jahre 1602. Im Jahre 1624 berichtet Johannes Grevius: „Heutzutage wird es bei den meisten Gerichten so gehalten: Sobald jemand im Kerker festsitzt, der Grund mag sein, was immer für einer, so ist's für ihn um alle Hilfe, allen Trost, ja alle Hoffnung geschehen. Rücksichtslos hindern die Richter den Armen, mit der Außenwelt in Verkehr zu treten und von dorther die nötigen Verteidigungs- und Trostmittel sich zu beschaffen, und so hat derselbe vom ersten Augenblicke seiner Gefangenschaft an den Eindruck, er sei vollständig verloren. — — Nach dem Zeugnisse der Schrift durften den Apostel Paulus, als er eines schweren Verbrechens angeklagt war, seine Freunde besuchen, und selbst Herodes verwehrte es Johannes dem Täufer nicht, daß er während seiner Gefangenschaft die Dienstleistungen seiner Jünger annahm. Jetzt aber läßt man niemand zu den Gefangenen."

Man sollte es nicht für möglich halten, daß man Menschen in dieser entsetzlichen Weise peinigen konnte. Die Gefangenen erhielten in diesen schauerlichen Kerkern einen gelinden Vorgeschmack von den Qualen, die ihrer noch auf der Folterbank warteten.

Zur Ehre der Menschheit wollen wir jedoch annehmen, daß *nicht* alle Gefängnisse so fürchterliche Verließe waren, wie sie Prätorius beschreibt. Daß die Behandlung und Beköstigung stellenweise eine menschlichere war, ersehen wir aus einer Rechnung, die Diefenbach aus dem Kur-Mainzischen mitteilt. Des Interesses halber möge sie hier folgen:

Erstlich für Essen und Löffel . . .	3	Patzen.
Damals für Brot	1	"
Den 26. März für Brot	1	"
" 27. " " Wein und Essen	4	"
" 28. " " Brot	1	"
" 29. " " Brot	1	"
" 30. " " Wein und Essen	4	"
" 31. " " Brot	1	"
" 1. April " Brot	1	"
" 2. " " Wein und Essen	4	"
" 3. " " Brot	1	"
" 4. " " Brot	1	"
" 4. " *als er bekannt hat,* für Wein, Brot und Essen	4	"

Den	5.	April für Wein und Essen	4	Batzen.
„	6.	„ „ „ „ „	4	„
„	7.	„ „ „ „ „	4	„
„	8.	„ „ „ „ „	4	„
„	9.	„ „ „ „ „	4	„
„	10.	„ „ „ „ „	4	„
„	11.	„ „ „ „ „	4	„
„	12.	„ „ „ „ „	4	„
„	13.	„ als sie das Nachtmahl empfangen haben, für Wein, Brot und Essen	11	„
„	14.	„ als sie hingerichtet worden sind für Wein, Brot und Essen . .	11	„
			Summa 3 fl. 4	Batzen.

Aus dieser Rechnung, die von den Anverwandten oder Erben des Verurteilten beglichen werden mußte, ersehen wir, daß die Beköstigung besser wurde, sobald ein Geständnis abgelegt worden war. Alle drei Tage erhielten nach dieser Kostenrechnung jedoch auch *vor* dem Geständnis die Gefangenen Wein und warmes Essen.

Daß es aber auch *heute* noch ähnliche Gefängnisse gibt, wenn auch gerade nicht in Deutschland, schildert die Anarchistin Emma Goldmann in der englischen Zeitschrift „The illusred London News“ vom 22. November 1924 in ihren Eindrücken, die sie in den Gefängnissen *Rußlands* erhalten hat. Es heißt da: „Im *Kreml* selbst ist das Gefängnis, das von jeher mit Schrecken bekannt ist, auch überfüllt. Die Kerker zur Zeit Iwans des Schrecklichen waren als Schwerverbrecherzellen gedacht. Jene Kerker, die als *steinerne Säcke* bekannt sind, sind Kellerlöcher. Sie sind so eng gebaut, daß man nur seitwärts in sie hereingehen kann. In diese Löcher werden Gefangene gesperrt, die sich selbst nur leichter Vergehen gegen die Gefängnisordnung schuldig gemacht haben. In diesen Säcken wimmelt es von Ungeziefer. Im September 1923 kam die Gefängnis-Inspektions-Kommission mit einem Tschechisten an der Spitze nach Solowetzki, aber weder hier noch anderswo wagte es die Kommission, einen dieser Keller zu besichtigen, aus dem Uebelkeit erregender Geruch heraufdrang. In Solowetzki sind auch viele Frauen eingesperrt, Kopf- und Handarbeiterinnen und jene, die „bürgerlichen Ursprungs" befunden wurden, besonders Studentinnen, die an politischen Protestversammlungen teilnahmen." Das meldet eine Anarchistin aus dem „freien" Rußland, das auch uns mit seinem Sowjetstern „beglücken" will, im Jahre 1924.

Hatten die gefangenen „Hexen" einen Vorgeschmack von den Qualen, die ihrer harrten, erhalten, dann wurden sie den Richtern vorgeführt. Diese stellten mit ihnen ein hochnotpeinliches Verhör an, obwohl dieses, wie wir sahen, in der Karolina verboten war. Selten führte jedoch das erste Verhör zum Ziele, da die Angeklagten rundweg alles ableugneten und mit vollem Rechte. Denn niemand wußte sich der Verbrechen schuldig, die ihm hier vorgehalten wurden. Von den hochnotpeinlichen Verhören wird in den nachfolgenden Kapiteln noch weiter die Rede sein.

Jetzt trat der Henker an den Angeklagten heran und zeigte ihm die Folterwerkzeuge. Brachte der Anblick dieser schrecklichen Gegenstände auch noch kein Geständnis hervor, so wurden sie wirklich in Anwendung gebracht, und jetzt wurde der Zweck erreicht: fast alle bekannten sich schuldig. Die meisten bekannten sich aller erdenklichen Verbrechen für schuldig, die sie vielleicht nicht einmal dem Namen nach kannten. Die

Schmerzen der Folter überstiegen eben die Kräfte der Armen; sie bekannten, um durch den Tod von dieser Qual erlöst zu werden.

Nach der Folterung widerriefen sie dann gewöhnlich alle ihre Angaben. Doch es half nichts. Das durch die Folter erzwungene Geständnis reichte hin, das Todesurteil zu fällen. Der gewöhnlichste Tod war für die Hexen der *Feuertod*. Als eine besondere Vergünstigung galt es, wenn der Verurteilte mit dem Schwerte hingerichtet und dann erst verbrannt wurde. So geschah es mit den meisten Verurteilten in Würzburg, wie uns das Kapitel „Verzeichnis der Hexenbrände“ zeigen wird. Doch kamen auch andere Todesarten vor.

Massenhaft strömte das Volk herbei, um der Hinrichtung der Hexen zuzusehen. Ein Zeitgenosse urteilt über die Teilnahme der Volksmassen an den Hinrichtungen folgendermaßen: „Da sieht der Pöbel die Hexen und Zauberer auf der Schinderkarre zur Richtstätte geführt; oft sind alle Gliedmaßen von den Torturen zerrissen . . . Sie können nicht mehr gehen und stehen; werden dann angebunden an den Brandpfahl, heulen und jammern ob all der erlittenen Martern. Diese ruft Gott an und die Strafgerechtigkeit Gottes mit lauter Stimme, eine andere im Widerteil rüft den Teufel an, flucht und schwört noch im Angesicht des Todes: das Volk aber, vornehm und gering, alt und jung, schaut dem allem zu, spottet, höhnt oftmals und lästert die armseligen Opfer — was glaubst du, christlicher Leser, wer hier regiert und wer jubiliert, wenn er all das Jammern und die Qualen sieht und das zuschauende Volk, in dem allbereit viele sind, die selber für den nächsten Braten dienen? Ist es nicht der Teufel? Wohl. Ihr kennt den Teufel längst, denn er ist unter euch bei dem gotteslästerlichen Fluchen und

Schwören, das ihr ohne Scheu und Scham treiben dürft, schlimmer, denn die Heiden je getrieben. Es ist ohne Zweifel, das Laster der Gotteslästerung bringt je länger je mehr in allen Ländern die Zauberei und Hexenkünste in Schwang. Ist es doch, als wenn das unmenschliche Fluchen und Lästern, sowie das unmenschlich viehisch Saufen, Ehebruch und Unzucht den Teufel, wie man spricht, losgemacht hat, wie wenn er seine Wohnung jetzund auf Erden genommen."

Wie groß mag wohl die Zahl der „Hexen" gewesen sein, die dem Spruche der Hexenrichter zum Opfer fiel? Voigt gibt die Zahl auf 9442994 an. So genau läßt sich die Zahl aber unmöglich feststellen. Zum Teil sind nämlich die Prozeßakten aus den Hexenprozessen vernichtet, zum Teil liegen sie noch verborgen in den Archiven. Gott allein weiß, wie vielen Unglücklichen der Hexenwahn das Leben gekostet hat. Wahrscheinlich beziffert sich ihre Zahl jedoch auf Millionen.

Die Folter.

Wir haben wiederholt die Folter erwähnt, jenes schreckliche Marterwerkzeug, das die Bosheit der Menschen mit Hilfe des Teufels erfunden hatte, um die „Hexen" zum Geständnis zu bringen. Wenn wir heute diese Folterwerkzeuge, wie sie in den Folterkammern oder Schreckenskammern noch zu sehen sind, betrachten, so erschauern wir und gedenken mit Entsetzen der Unglücklichen, die menschliche Verirrung verbunden mit teuflischer Bosheit auf diesen Werkzeugen ausgestreckt hat. Die Menschheit scheint mit Blindheit geschlagen gewesen zu sein, als sie diese Folterwerkzeuge in Anwendung brachte.

Die Folter oder Tortur ist an sich keine Erfindung des Hexenwahnes. Schon die Römer kannten sie und wandten sie an, jedoch nur bei Sklaven. Bei ihnen waren besonders vier Marterwerkzeuge gebräuchlich:

1. Das Quetschbrett,
2. Das Streckpferd zum Auseinanderziehen der Glieder,
3. dreizackige Haken, welche glühend gemacht und dem Delinquenten ins Fleisch gehakt wurden, z. B. in Wade, Brust und Schenkel,
4. Stricke zum Binden und Aufhängen.

Unsere Vorfahren lernten diese Marterwerkzeuge bei den Römern kennen, und sie benutzten sie ebenfalls bis etwa zum 6. Jahrhundert. Von da an tritt die Folter nur noch vereinzelt auf, um zur Zeit des Hexenwahnes in ihrer ganzen Furchtbarkeit wieder aufzuleben. Die gebräuchlichsten Folterwerkzeuge dieser Zeit waren folgende:

1. Die Daumenschrauben,
2. die spanischen Stiefel,
3. die Schnüre,
4. die Leiter,
5. der gespickte Hase.

Außer diesen am meisten in Anwendung kommenden Werkzeugen erfanden die Henker an verschiedenen Orten noch andere Folterungsarten, von denen später gelegentlich die Rede sein wird.

Wollte eine „Hexe" ihre Hexereien nicht eingestehen, so griff der Henker gewöhnlich zuerst zur Daumenschraube. Diese war eine kleine eiserne Presse, deren innere Flächen eingekerbt waren. Zwischen diese innern Flächen schraubte man das oberste Glied des Daumens, was einen unerträglichen Schmerz verursachte. Hatte diese Folter nicht die gewünschte Wirkung, so schraubte der Henker noch etwas fester, daß sich der Nagel ablöste und das Glied gelähmt wurde. Eine kleinere Art von Daumenschrauben benannten die Henker mit dem Spitznamen „Jungfernstöckel“.

Brachte diese erste Stufe der Tortur den Angeklagten nicht zum Geständnis, so schritt der Henker zur Anlegung der „spanischen Stiefel“. Dieses waren Beinschrauben, welche um das Schienbein gelegt und

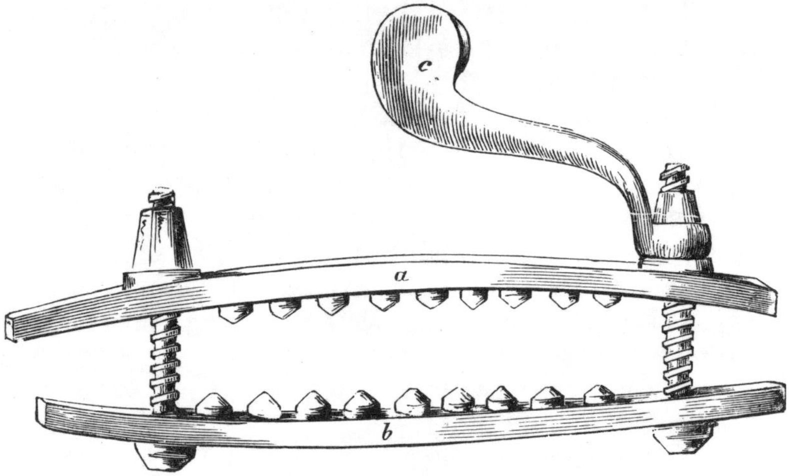

Die Daumenschraube.

nach und nach zugeschraubt wurden. Je stärker die Schrauben angezogen wurden, desto größer wurden natürlich die Schmerzen. Um diese noch zu erhöhen, klopfte der Henker wohl mit einem Hammer oder mit einem Schlüssel auf die Beinschrauben. Zuweilen legte der Henkersknecht noch ein eingekerbtes Brett so auf die Innenfläche der spanischen Stiefel, daß dieses gerade auf das Schienbein zu liegen kam und beim Zuschrauben heftig auf die Knochen drückte. Nicht selten wurde das Schienbein zerquetscht.

Die Schnüre waren lange und dünne Hanfseile. Diese wurden dem Angeklagten zweimal um die nackten

Oberarme gewunden. Hierauf ergriffen die Henker die Enden der Schnüre und zogen sie so lange hin und her, bis sich die Haut abschürfte und die Schnüre tief ins Fleisch eindrangen. Zuweilen steckte man auch einen Pflock in die Schnüre und drehte sie mit aller Kraft zusammen. Auch wurden die Stricke dem Angeklagten um den Arm gewunden und mit aller Macht angezogen. Zuweilen mußte der Delinquent die Hände mit der Innenfläche zusammenlegen, dann legten die Henker die Schlinge hinter den Handgelenken an und schnürten die Arme mit aller Kraft zusammen.

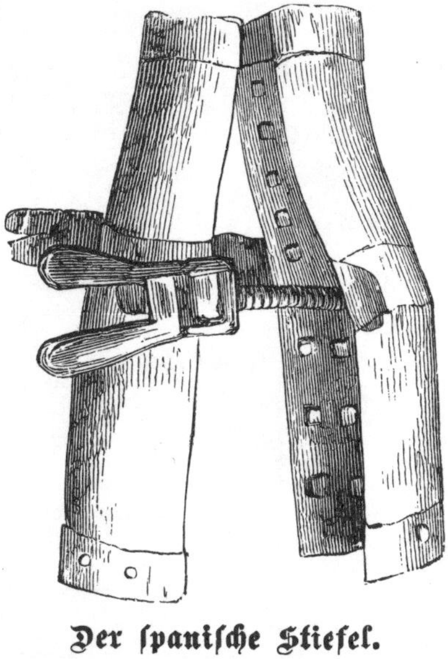

Der spanische Stiefel.

War der Angeklagte durch diese Stufen der Marter noch nicht zum Geständnisse der angedichteten Schuld gebracht worden, dann kam die Leiter zur Anwendung. Dem Delinquenten wurden gewöhnlich die Hände auf dem Rücken zusammengebunden. Dann wurde er auf der Leiter oder der Folterbank ausgestreckt und an den zusammengebundenen Händen in die Höhe gezogen. Um die Marter zu erhöhen, beschwerte der Peiniger die Füße des Armen noch mit schweren Gewichtstücken. So ließ man den Angeschuldigten wohl stundenlang hängen. Diese Folter erpreßte dem Gemarterten meistens ein Geständnis. Erreichte die Leiter jedoch auch ihren Zweck noch nicht, so kam der gespickte Hase in Anwendung. Dieser bestand aus einer hölzernen

Walze, die ringsherum mit spitzigen Pflöcken versehen war. Diese Walze brachte der Henker dem auf der

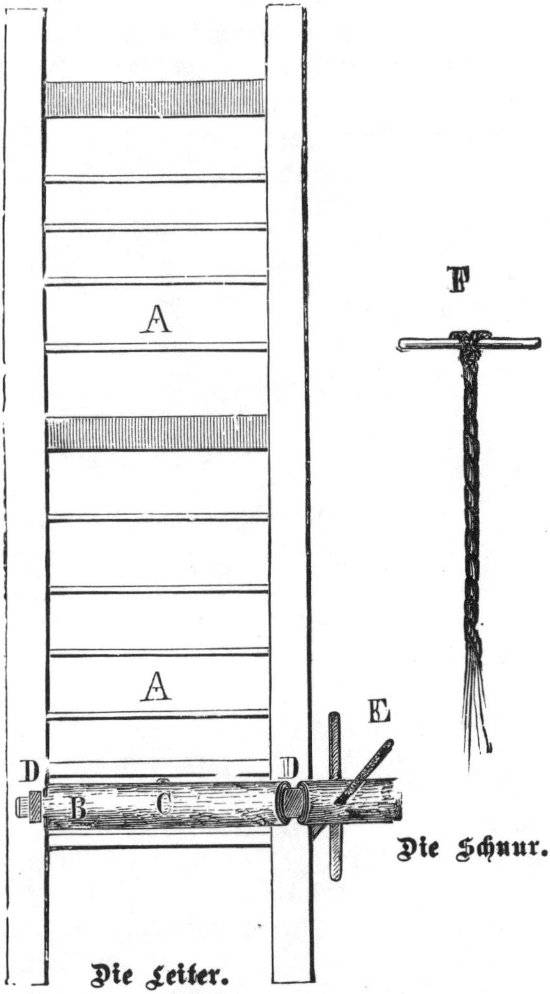

Die Schnur.

Die Leiter.

Leiter Hängenden im Rücken an und drehte sie um. Die Pflöcke drückten sich in das Rückgrat hinein und verursachten hier unausstehliche Schmerzen.

Diese Grade wurden gewöhnlich angewandt. Doch wurde in manchen Gegenden auch davon abgewichen. So erzählt Carpzow aus dem Kurfürstentum Sachsen, daß hier Schnüren der Hände, Daumen- und Beinschrauben, Ausspannen auf der Leiter und Brennen die gebräuchlichsten Torturen seien.

Es braucht uns nicht wunderzunehmen, daß unter dem Einflusse der fürchterlichen Schmerzen völlig Unschuldige die größten Verbrechen eingestanden und Mitschuldige angaben, so viele die Richter und Henker nur wünschten. Dazu überboten sich die Henker noch an Spitzfindigkeiten, um die Qualen der Gefolterten auf alle mögliche Weise zu erhöhen und begingen da-

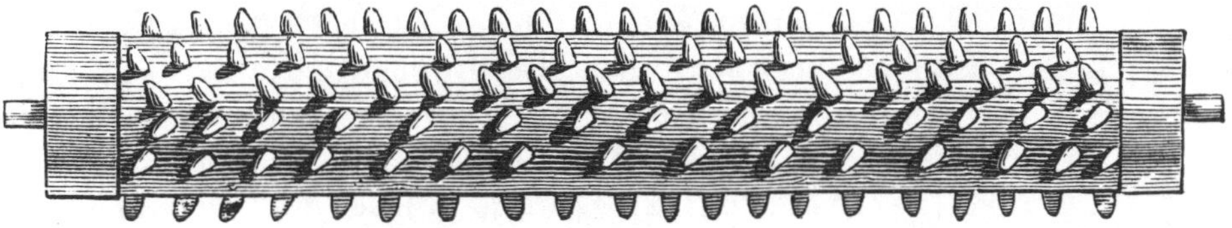

Der gespickte Hase.

bei Schändlichkeiten, die man nicht zu nennen, ja nicht einmal anzudeuten wagt. Hätte man Richter und Henker in derselben Weise gefoltert, man hätte ihnen sicherlich die gleichen Geständnisse erpreßt. Richter und Henker waren die Verbrecher, welche die unschuldigen Opfer ins Jenseits beförderten.

In welcher Weise die Folter arbeitete, wollen wir an einem Beispiele zeigen, das Grevius erzählt.

Der Statthalter Wilhelms von Oranien in Nordholland hatte ein Ausschreiben erlassen, man solle auf die in der Provinz zusammengeströmten Fremden ein wachsames Auge haben, da sie ihm verdächtig seien. Daraufhin wurden über zwanzig herumziehende Bettler verhaftet. Der Statthalter ernannte den Balliven von

Nordholland samt drei Beamten aus Hoorn, Alkmar und Bredenrode zu „Kommissären“ oder Richtern. Die Leute gestanden sofort einige Diebstähle und ähnliche Vergehen ein. Man schritt nun zur Folter und fragte sie nach den Bauern, mit welchen sie bei ihren Wanderungen durch die Dörfer vertrauten Umgang gepflogen. Die Bettler nannten mehrere, welche ihnen wiederholt Unterkunft und größere Almosen gewährt hätten, darunter einen gewissen Jakob Cornelii und dessen Sohn Nannius Jacobi, zwei sehr reiche Männer. Die Richter wollten dann wissen, ob diese Bauern sie nicht mit Geld bestochen hätten, einige Dörfer anzuzünden, in dem Augenblick, in welchem die Spanier die Provinz angreifen würden. Es solle ihnen, fügten sie hinzu, Verzeihung und Freilassung zuteil werden, wenn sie die Wahrheit unumwunden eingeständen. Die Bettler gaben endlich an, Jakob Cornelius und sein Sohn hätten ihnen ein solches Ansinnen gestellt.

Wie der Foltermeister erzählt, wurden auf Geheiß der Kommissäre einem dieser Armen, Johann Driemont mit Namen, die Hände auf den Rücken gebunden und an die zwei großen Zehen Gewichte von zwei Zentnern gehängt. Die Richter lasen unterdessen von einem Blatte die Namen verschiedener Bauern ab und fragten, ob nicht diese ihn zur Brandstiftung angereizt hätten. Daran knüpften sie von Zeit zu Zeit Mahnungen, wie: „Du mußt es sagen; wir wissen es schon zur Genüge; du mußt sie anklagen, sonst wirst du alle Tage auf diese Weise gefoltert.“ Der Bettler schwieg. Die Kommission aber begab sich zum Essen in das Gasthaus „Zum Aethiopier“, nachdem sie den Foltermeister beauftragt, mittlerweile stramm seines Amtes zu walten. Drei Stunden hielt der Mann seine Marter aus; dann bat er, man möchte die Richter rufen, er könne nicht mehr. Diese ließen etwa eine halbe Stunde auf sich warten, und als sie endlich erschienen, fragten sie, ob der Angeklagte eine Angabe machen wolle. „Was wollt ihr denn von mir hören, meine Herren?“ entgegnete dieser. Sie sagten: „Nennst du uns die Spießgesellen, die du bei deinen Verrätereien gehabt, so wollen wir dir das Leben schenken.“ Diese Versicherungen und das Uebermaß der Schmerzen bewogen endlich den Unglücklichen, die Bauern anzuschuldigen, deren Namen auf dem Blatte standen. Dem Scheiterhaufen entging er trotzdem nicht. An der Richtstätte angelangt, fiel er auf die Knie nieder und rief Gott zum Zeugen an, daß er und die Bauern so wenig des Verrates schuldig seien als die Kieselsteine, welche den Richtplatz bedeckten, oder irgend ein Kind, das in der letzten Nacht erst geboren worden. Auch die übrigen Bettler wurden hingerichtet, der eine hier, der andere dort, und sie alle versicherten im Angesichte des Todes vor dem Prediger des Ortes und vielem Volke, die Bauern seien unschuldig. Gegen diese lag nichts vor als die Angaben der Bettler. Dennoch ließen die Kommissäre auch sie verhaften und foltern. Aber Cornelii ließ sich kein Geständnis abpressen. Nachdem man ihn tags darauf den Vormittag über wiederum gräßlich gepeinigt, führte man ihn nachmittags den Kommissären vor. Er sprach einige Worte und brach vor ihren Augen tot zusammen. „Da sehen wir's,“ riefen sie, „der Teufel dreht ihm den Hals um; er schleppt den Halunken mit sich in die Hölle.“ Seine Leiche ließ man zerstückeln, obwohl er nichts gestanden und andere seine Frömmigkeit und Andacht rühmten.

Vom Vater ging man zum Sohne über. Nannius Jacobi wurde dreiundzwanzigmal gefoltert. Er sagte schließlich zu allem „Ja“, was die Kommissäre von ihm wissen wollten, und diese sprachen über ihn das Todesurteil mit der Begründung: „Sintemalen

Nannius Jacobi, dermalen in Haft, ohne alle Foltern und eisernen Banden gestanden hat." Welch ein blutiger Hohn! Als aber Nannius zu Hoorn auf die Richtstätte gebracht wurde, erklärte er feierlich, seine Angaben seien gänzlich unwahr; nur die Folterqual und falsche Versprechungen hätten sie ihm abgerungen.

In dieser aller Menschenwürde hohnsprechenden Weise arbeitete die Folter.

Interessant ist es, in welch höhnischer Weise die Gerichtsakten die Folter oft zu umschreiben pflegen. Den Scharfrichter nannte man „Meister Auweh", „Meister Hämmerlein", „Meister Fix", „Kurzab", „Schnürhänslein". Der Galgen wird „Dreibein" genannt oder „der himmlische Wegweiser". Die Galgenstrafe nannte man ein „lustiges Ginkle-Gankle machen", den Wicht mit einer „Pfennigsemmel" aus dem „Seilerladen" vergiften, an der „Herberge der drei Säulen als Bierzeichen aushängen", ihn mit den „vier Winden zu Tanze gehen", mit „Jungfer Hänfin Hochzeit machen lassen" u. dergl. Die Folterwerkzeuge nennen sie „Kitzelhänschen".

Ueber die Folter ließe sich noch manches sagen. Das bisher Mitgeteilte wird jedoch genügen, um dem Leser ein anschauliches Bild von diesen gräßlichen Marterwerkzeugen, deren Arbeit glücklicherweise der Vergangenheit angehört, zu entwerfen.

Nur das Urteil von Wächters über die Folter wollen wir am Schlusse dieses Kapitels noch anführen. Er schreibt: „Wir würden in unserer Zeit noch ebensoviel Hexen finden und verbrennen können als in jenen Zeiten, wenn wir dasselbe Mittel, sie zu finden, bei uns noch anwenden wollten. Das Mittel war einfach, sicher und schnell zum Ziele führend. Es war die unsinnigste Ausgeburt menschlicher Verwirrung, die Folter."

Zu der Folter können wir auch wohl die sogenannte „Wasserprobe“ rechnen. In welcher Weise diese vorgenommen wurde, beschreibt ein Augenzeuge, ein gewisser Scribonius. Dieser war 1583 in Lemgo Augenzeuge einer solchen Probe. „An demselben Abende sind wiederum drei, welche von jenen (Gefolterten) als ihre Mitgenossen und Rottgesellen angegeben, ins Gefängnis gelegt und am folgenden Tage, nachmittags zwei Uhr, vor dem Stadttor zu mehrerer Erforschung der Wahrheit auf das Wasser geworfen worden, daß man sehen möchte, ob sie untergehen würden oder nicht. Die Kleider waren ihnen abgezogen, die rechte Hand war an den linken großen Zehen, die linke Hand an den rechten großen Zehen verknüpft, daß sie sich mit dem ganzen Leibe gar nicht regen konnten. Im Beiwesen etlicher tausend Menschen sind sie in das Wasser geworfen, eine jede zu drei Malen, aber gleich wie ein Holz oder Block oben geschwommen und keine untergegangen.“ Dabei soll ein eben angefangenes Regenwetter plötzlich aufgehört haben; solange diese „Hexen“ auf dem Wasser schwammen, soll der Himmel schön klar gewesen sein. „Sobald sie aber wieder herausgezogen wurden, fing es an, heftig zu regnen.“ Dieser plötzliche Umschlag in der Witterung wurde von dem abergläubischen Volke natürlich den drei Hexen zugeschrieben.

Diese drei armen Menschen waren nach dieser Probe natürlich Hexen; die „Wasserprobe“ hatte ihre Schuld bewiesen. Man glaubte nämlich, eine Hexe sei leichter als ein gewöhnlicher Mensch. Sank bei der Wasserprobe der Angeklagte unter, so war er unschuldig. schwamm er oben, so war dieses ein Beweis seiner Schuld.

Die Wasserprobe scheint zeitweise sehr viel in Anwendung gekommen zu sein. Bei Steele a. d. Ruhr bezeichnet man bis auf den heutigen Tag eine Stelle in der Ruhr unweit des alten Schlosses Schellenberg mit dem Namen „Hexentaufe“. Es ist geschichtlich nachgewiesen, daß an dieser Stelle, wo die Ruhr eine

Die historische Hexentaufe an der Ruhr.

scharfe Biegung nach Süden macht, viele Personen der Wasserprobe unterzogen worden sind.

Ein ähnlicher Unfug wurde an einigen Orten mit der „Hexenwage“ getrieben. „Diese Probe mit der „Hexenwage“ bestand darin, daß die Angeklagten, wenn sie auf diesem Wege ihre Unschuld dartun wollten, etwas schwerer sein mußten, als sie geschätzt worden waren. Besonderen Ruf hatte in dieser Beziehung die Stadtwage zu Oudewater. Man berief sich auf ein Privilegium Karls V., nach welchem ein

Zeugnis des Stadtrats, daß ein Verdächtiger amtlich gewogen worden sei und ein seinem Körperumfange entsprechendes Gewicht bewährt habe, überall rechtlichen Glauben haben und alle andern Proben ausschließen sollte. Wie es sich mit jenem Privilegium verhalten möge, steht dahin; gewiß aber ist, daß man aus den Stiften Köln, Münster und Paderborn häufig seine Zuflucht zum Rat von Oudewater nahm und in der Regel nicht Ursache hatte, sich über unbillige Behandlung zu beschweren. 1754 wurde die letzte Probe in dieser Stadt vorgenommen mit zwei Beschuldigten aus Coesfeld und Telligt (Telgte) im Münsterschen. Daß man ein Minimum von 11—14 Pfunden für den Unschuldigen angenommen habe, ist ein Märchen.“ (Soldan-Heppe.)

Die Folter wurde in Preußen im Jahre 1754 durch den „alten Fritz“ abgeschafft, in Baden 1767, in Mecklenburg 1769, in Sachsen 1770, in Bayern 1807, in Württemberg 1809 und in Hannover 1822. In Oesterreich war die Kaiserin Maria Theresia eine entschiedene Feindin der Folter, und sie wurde hier durch diese beseitigt.

Der Hexenhammer.

Der berüchtigte „Hexenhammer“ war kein Werkzeug zur Folterung der Angeklagten, wie man auf den ersten Blick wohl glauben könnte, sondern ein Gesetzbuch, das eigens für die Bestrafung der „Hexen“ abgefaßt war. Vorhin haben wir gehört, daß zuerst die „Karolina“ bei den Hexenprozessen maßgebend sein sollte. Doch sehr bald ließ man die Gesetzesparagraphen, welche den Angeschuldigten gewissermaßen und billigerweise in Schutz nahmen, unbeachtet, und es bildete sich der „Hexenhammer“ heraus, von dem in diesem Kapitel die Rede sein soll.

Der „Hexenhammer“ (Malleus maleficarum) erschien zuerst im Druck im Jahre 1489 zu Köln. Seine Verfasser sind Heinrich Institoris und Jakob Sprenger. Er zerfällt in drei Teile von ziemlich gleichem Umfange. Im ersten Teile wird die Frage erörtert, ob es wirklich „Hexen“ gibt, oder ob der Glaube an solche ein Hirngespinst sei. Der Verfasser bejaht die Frage und sucht den Glauben an Hexen aus dem göttlichen Gesetze und aus der Heiligen Schrift zu beweisen. Der Verfasser meint: „Die Behauptung, es gibt Hexen, ist so katholisch, daß die Verteidiguug des Gegenteiles häretisch ist.“ Auf die wissenschaftlichen Erörterungen dieses Teiles wollen wir uns nicht weiter einlassen, da dieses dem Zwecke dieser Abfassung nicht entspricht. Nur das sei erwähnt, daß in dem ersten Teile sich ein besonderer Haß gegen das weibliche Geschlecht überhaupt zeigt.

Im zweiten Teile wird das Bündnis mit dem Teufel näher beschrieben nebst den Folgen und Wirkungen desselben, und es werden die Heilmittel gegen die teuflischen Zauberkünste angegeben. Dieser Teil strotzt von Sünden gegen das sechste Gebot Gottes. In diesem Teile findet sich folgende alberne Erzählung: Ein Pfarrer, mit Namen Häßlin, behauptete in einer Gesellschaft, es gebe keine Hexen und Zauberei, alles sei nur Einbildung. Gott wollte ihn aber von seinem Irrtum heilen. Eines Tages wollte der Pfarrer eilends über eine Brücke gehen und stieß dabei zufällig eine alte Vettel (alte Frau), die ihm nicht ausweichen wollte, in den Kot. Diese ergrimmte hierüber, brach in die Scheltworte aus: „. . ., das sollst du mir büßen!“ Am folgenden Tage, als sich der

Pfarrer von seinem Lager erheben wollte, fühlte er sich völlig gelähmt, so daß er fremde Hilfe bedurfte, um in die Kirche zu gehen. (Hexenschuß?) Das dauerte drei Jahre, bis er endlich von jener Vettel selbst, die er in ihrer Todeskrankheit besuchen mußte, erfuhr, wer ihm das angetan. Kurze Zeit nach ihrem Hinscheiden wurde er, wie ihm die „Hexe" vorausgesagt hatte, von seinem Leiden wieder befreit.

Der dritte Teil handelt von dem gerichtlichen Verfahren gegen die „Hexen". Die Verfasser vertreten die Ansicht, die Hexen gehörten vor ein gemischtes Gericht, d. h. ein Gericht, dessen Richter teils weltlich, teils geistlich wären. Diese Ansicht begründen sie damit, daß die Hexen Schaden an Menschen und Tieren usw. anrichteten, deshalb müßten weltliche Richter zur Aburteilung vorhanden sein. Die Hexen wären aber auch zugleich Ketzer und Zauberer und gehörten deshalb vor ein geistliches Gericht.

Komisch lächerlich klingt folgender Rat in diesem dritten Teile: Die gefangenen Hexen sollen rücklings in das Verhörzimmer geführt werden, damit beim Eintritte in dasselbe ihr Blick nicht den Richter und seine Beisitzer treffe, weil dies, wie die Erfahrung lehre, für diese äußerst verderblich sei. Von einer Hexe melden die Verfasser, daß sie sich gerühmt habe, wenn sie nur einen Faden vom Gewande einer andern Hexe besäße, diese so verzaubern zu können, daß sie in der stärksten Tortur nichts aussagen würde.

Die Folterung durfte nach dem Hexenhammer nur einmal stattfinden. Doch ließ er eine „Fortsetzung" der Folter am folgenden Tage zu; eine sonderbare Begriffsverwirrung. Die Richter beriefen sich deshalb auf den Hexenhammer, wenn sie sagten: „Wir wollen die Folter nicht wiederholen; denn das sei fern von uns, daß wir dieses ohne neue und wichtige Ursachen tun sollten; sondern wir wollen dieselben auf einen andern Tag erstrecken. Wir wissen wohl, daß es wider Recht und Vernunft wäre, die peinliche Frage zu wiederholen; behüte uns Gott, daß wir so unmenschlich und grausam sein sollten. Wir wollen dieselbe auf ein andermal erstrecken." Der Hexenhammer ließ aber nur eine einmalige Fortsetzung zu. Auch sollten die Richter nur „auf die gewohnte Weise" foltern lassen und nicht mit neuen und ausgesuchten Qualen. Weder das eine noch das andere wurde in der Siedehitze des eigentlichen Hexenwahnes beachtet.

Auch wegen der Zeugenaussagen gibt der Hexenhammer Anweisungen, die später gar keine Beachtung mehr fanden. Bei gewöhnlichen Anklagen genügten zwei Zeugen zur Erhärtung der Aussagen. Wegen der Furchtbarkeit der Hexerei verlangt der Hexenhammer, daß zwei Zeugen bei Anklagen gegen Hexerei nicht hinreichen, um das Todesurteil zu fällen. In Bezug auf die Angaben von Mitschuldigen durch verurteilte Hexen empfahl der Hexenhammer große Vorsicht, weil aus einer Hexe, die ihren Glauben abgeschworen, der Teufel rede. Der Teufel aber sei ein Lügner. Falsche Zeugen sollten mit lebenslänglichem Gefängnisse bestraft werden.

Hansen hat eine eingehende Lebensbeschreibung der beiden Verfasser des Hexenhammers geschrieben. Nach seiner Ansicht ist Institoris, dessen bewegtes Leben nicht immer einwandfrei ist, der Hauptbearbeiter dieses Werkes. Die von der theologischen Fakultät in Köln angeblich erteilte Druckerlaubnis war, wie Hansen nachweist, von Institoris gefälscht. „Institoris begab sich damals (1487) mit dem fertigen Werk nach Köln, wo sein Kollege und Mitarbeiter Sprenger als Professor der Theologie an der Universität gute Beziehungen hatte, um über das Werk ein günstiges Gutachten dieser Hochschule zu erwirken, das sich zusammen mit der Hexenbulle Innocenz VIII. und einer inzwischen am 6. November 1486 erwirkten Urkunde König Maximilians I., welche der Forderung der Tätigkeit der beiden Inquisitoren allen Untertanen ans Herz legte, eignete, um als Empfehlung der Ausführungen des Malleus für alle Welt zu dienen; denn die Kölner Universität spielte damals eine besondere Rolle als oberste Zensurbehörde für im Druck erscheinende Werke. Da aber von dem Lehrkörper der Kölner Universität nur vier Professoren der theologischen Fakultät für ein sehr zurückhaltendes verklausuliertes Gutachten zu gewinnen waren, so fälschte Institoris mit dem Notar Arnold Kolisch und wohl im Einverständnis mit Sprenger — der allerdings selbst bei diesem Akt nicht zugegen war — ein vom 19. Mai 1487 datiertes Instrument, laut dessen sieben Kölner Theologieprofessoren die Ausführung des Malleus rückhaltlos billigten und die Tätigkeit der beiden Inquisitoren gegen die Hexen aller Welt als verdienstlich priesen. Dieses gefälschte Notariatsinstrument wurde dann den zahlreichen Druckausgaben des Malleus beigegeben, die seit dem Jahre 1487 die Presse verließen."

„Zusammenfassend kann man sagen, daß der Malleus maleficarum wesentlich aus der Feder des Institoris stammt und daß Sprenger wohl mit seiner Abfassung und mit seinem Inhalt einverstanden und an der Abfassung beteiligt war, daß aber sein Name aus äußeren Gründen, um die Autorität des Werkes zu erhöhen, durch seinen Kollegen Institoris stärker in den Vordergrund geschoben worden ist als seinem tatsächlichen literarischen Anteil entsprach" (Hansen).

Der protestantische Pfarrer Schwager äußerte über den Hexenhammer: „Hin und wieder findet man

Funken von Vernunft und Billigkeit in dem Hexenhammer, die sich aber in der nachfolgenden Praxis gänzlich verloren, wenigstens bei den Inquisitoren und den meisten protestantischen Kriminalrichtern. Wir werden in der Folge sehen, daß ihnen oft die durch die Folter oder Unterredung herausgebrachte Denunziation einer Gefangenen oder bereits Verbrannten genügte, eine unschuldige Person einzuziehen und zu verdammen."

Auf Grund des Hexenhammers walteten als Hexenrichter oder Inquisitoren zunächst die Verfasser desselben Sprenger und Institoris (Krämer). Letzterer suchte zuerst die Hexen in Tirol auf, hatte aber, wie wir später sehen werden, wenig Erfolg, da der Bischof den Unfug bald durchschaute und ihn des Landes verwies. Sprenger arbeitete in einzelnen Teilen am Niederrheine.

Dieser Hexenhammer, auf den man sich auch heutzutage noch zu berufen pflegt und den man wohl für die Unmenschlichkeiten bei den Hexenprozessen verantwortlich zu machen sucht, ist, wie die späteren Beispiele zeigen werden, später wenig mehr beachtet worden. Er hat daher für diese Prozesse nicht die weitgehende Bedeutung gehabt, die man ihm oft beizulegen sucht. (Ueber die sogenannte „Hexenbulle" siehe Seite 46 u. ff.)

Hexenrichter und Henker.

Bei der Unmenge von Hexenprozessen, die sich in der Hochflut des Hexenwahnes entwickelten, waren eine Menge Henker und Hexenrichter oder Inquisitoren erforderlich. Die vorhin genannten Inquisitoren Sprenger und Institoris waren Mitglieder des Dominikanerordens. Bald jedoch ging das Richteramt auf weltliche Richter über, da es diese als einen Eingriff in ihre Rechte ansahen, daß Geistliche sich mit der Justitia befaßten, und in der Hochflut des Hexenwahnes waren es wohl ausschließlich weltliche Richter, welche die „Hexen" zur Tortur und zum Tode verurteilten.

Daß die Hexenrichter mit einer wahren teuflischen Wut auf Hexen fahndeten, lag zum Teil in der Habsucht der Richter begründet. Nach der „Karolina" fiel das Vermögen der Zauberer zum Teil den Richtern zu. Zauberer und Hexen warf man schließlich in einen Topf, und so hatten die Richter die Karolina als Grundlage, wenn sie auch das Vermögen der Hexen und Hexenmeister einzogen und als ihr Eigentum erklärten.

Von der Habgier eines Hexenrichters erzählt der Jesuitenpater Friedrich von Spee folgendes Beispiel:

Ein gewisser Inquisitor pflegte durch seine Leute zuerst die Gemüter der Bauern gegen die Hexen aufzureizen; dann ließ er, wenn er um seinen Beistand angegangen wurde, ihnen sagen, er werde kommen und diese Pest vertilgen. Hierauf sandte er einige Steuereintreiber voraus, welche von Haus zu Haus gingen, um eine reichliche Sammlung vorzunehmen — als Handgeld, wie sie sagten. Nach Empfang dieser Summe erschien der Hexenrichter, feierte den einen und den andern Akt, regte wieder aufs neue die Gemüter durch Erzählung der Greueltaten und Verschwörungen, welche die schon Hingerichteten bekannt hatten, auf, und stellte sich dann, als ob er fortgehen wolle. Seine Abreise ließ er aber durch die erwähnten Steuereintreiber fleißig verhindern und die Leute zu einer neuen Geldsammlung bereden, damit er noch länger bleibe und auch das übrige Unkraut ausrotte.

Endlich, nachdem er den ganzen Gau auf diese Art ausgesogen, begab er sich in eine andere Gegend, um dort in gleicher Weise sich zu bereichern.

Friedrich von Spee erzählt nicht nach dem Hörensagen, er redete aus eigener, trauriger Erfahrung. In Würzburg, Bamberg und Trier, wo der Hexenwahn in besonderer Weise tobte, war Spee in dieser unseligen Zeit als Seelsorger tätig, und viele, viele Unglückliche hat er, wie wir später noch weiter hören werden, auf dem letzten Gange zur Richtstätte begleitet.

Von dem Verfahren bei Gericht bezeugt Löher, daß unparteiische Rechtsgelehrte und Advokaten nicht zugelassen wurden, Geistliche und Beichtväter wurden ferngehalten. Unter den vier Zauberrichtern, welche er kannte, ist ein Doktor Heiderich de Schultiß. Dieser hat ein Buch herausgegeben über den peinlichen Prozeß von 500 Seiten, worin viel wunderbare, lügenhafte Dinge zu lesen sind. Darin will er die Edlen, Junker, Kommissarien, Doktoren, Lizentiaten und Studenten lehren, wie sie Zauberer und Zauberinnen kennen sollen, wie sie diese zu fangen, foltern, peinigen, andere zu besagen und zu verbrennen haben.

„Es ist wahrlich eine Sache," schreibt derselbe Verfasser, „welche die falschen Richter treiben, daß sie die Armen und Reichen für Zauberer ausgeben, damit sie teil an ihren Gütern haben."

Für den Angeklagten war es eine höchst mißliche Sache, daß bei dem Richter seine Schuld von vornherein feststand. Es kam nur darauf an, Zeugen zu finden und ihn auf irgend eine Weise, durch falsche Vorspiegelungen oder die Folter zum Geständnis zu bringen.

„Der Inquisitionsprozeß machte . . . den Richter von allen Fesseln frei, ermöglichte es demselben, inquisitorisch vorzugehen, wo er nur wollte — denn der Hexerei verdächtig waren so ziemlich alle, sobald

Folterkammer im 16. Jahrhundert mit Darstellung einer Strick- und Wasserprobe.

Holzschnitt von Hans Schäuffelin um 1520 aus dem „Trostspiegel".

sie darauf angesehen wurden — und gab die Verhafteten ganz und gar seiner Willkür preis. Dem entsprach das neue Beweisverfahren. Dasselbe war lediglich auf Zeugenaussagen und auf das Geständnis des Angeschuldigten gegründet. Die wünschenswerte Zeugenaussage war aber um so leichter zu gewinnen, als die Namen der Zeugen nicht genannt zu werden brauchten, und zur Herbeiführung des Geständnisses des Angeschuldigten hatte man ein ganz sicheres Mittel, nämlich die Folter, mit der man die Inquisiten einfach solange quälte, bis das Geständnis ermartert war." (Soldan.)

Der vorhin genannte Hermann Löher erzählt von den Schandtaten, welche ein berüchtigter Hexenrichter, namens Doktor Franz Buirmann, mit seinen Komplizen Amtmann Schall von Bell, Kaspar Liblar und Doktor Mödden am Rhein verübt hat. Dieser Buirmann betrieb in den Jahren 1631—1636 eine großartige Hexenverfolgung im Oberstifte Köln, im Jülichschen und in der Abtei Siegburg. Der Schauplatz seiner blutigen Tätigkeit waren Rheinbach, Meckenheim, Heimerzheim, Lüftelberg und Bornheim. Diese Bande hatte es besonders auf reiche Bürger, Männer und Frauen abgesehen. Unter dem Vorwande der Hexerei ließen sie diese verhaften und foltern, um sich durch die Einziehung des Vermögens der Verurteilten zu bereichern. Hermann Löher gelang es, den Händen dieser Scheusale zu entrinnen und nach Holland zu flüchten. Sein Vermögen wurde eingezogen und fiel größtenteils Buirmann und seinen Genossen zur Beute. Das Verfahren dieser Richter gelangte endlich zu den Ohren der Obrigkeit, und Herzog Wolfgang Wilhelm von Jülich-Berg legte ihnen das Handwerk. Doch setzten sie bald ihr früheres Treiben wieder fort. Im ganzen sollen in Rheinbach, Meckenheim und Flerzheim 120—130 Personen verbrannt worden sein.

Die Hexenrichter gingen hier und da mit einer unheimlichen Schnelligkeit zu Werke. Ein gewisser Bach Theis von Oberemmel wurde am 7. November 1588 eingezogen und bereits am 14. November hingerichtet. Margareta Krisams Josten wurde am 23. Februar 1588 eingekerkert und am 3. März 1588 zum Tode geführt. Maria Veilen von Issel wurde am 6. März 1588 in Haft gebracht und starb bereits am 11. März durch Henkers Hand. Ein gleiches Schicksal hatte Barbara von Fell, die vom 18. bis 22. April 1589 eingekerkert war.

Daß jedoch einzelne Richter zur Einsicht kamen und die Verfolgungen gänzlich einstellten, zeigt Diefenbach an folgendem interessanten Falle: In Peruggia war Johannes Capistranus Richter. Nicht selten kamen Fälle vor, daß Angeklagte gefoltert wurden, weil sie nicht bekannten. Das durch die Folter erzwungene Bekenntnis schien ihm jedoch nicht sicher und zweifellos zu sein. Um darüber ins reine zu kommen, verfiel er auf eine eigenartige List. Er nahm aus dem Stalle heimlich eine Pferdedecke und verbarg sie. Darauf gab er dem Knechte den Befehl, zu satteln. Dieser sucht die Decke und jammert, als er sie nicht findet. Sein Herr fährt ihn hart an und bezichtigt ihn des Diebstahls und verurteilt ihn nach mehreren vergeblichen Drohungen zur Tortur. Eine Zeitlang erträgt der Knecht den Schmerz, doch bei längerer Dauer bekennt er sich als schuldig und gibt den Ort an, an dem er die Decke versteckt habe. Natürlich wird sie an dem bezeichneten Orte nicht gefunden, und er wird abermals gefoltert. Da gesteht er, er habe die Decke verkauft. Jetzt war es dem Richter genug. Er klärte den Knecht über den wahren Sachverhalt auf, zahlte ihm eine Summe als Schmerzensgeld und ließ von da an niemand mehr foltern.

Solch ehrliche Hexenrichter scheinen aber selten gewesen zu sein.

Die Helfershelfer der Hexenrichter, die Henker, müssen rein vertierte Menschen gewesen sein, anders können wir uns nicht denken, wie diese mit kaltem Blute ihre Mitmenschen so schinden und in unmenschlicher, ja geradezu teuflischer Weise quälen konnten. Die Tarife für die Scharfrichter waren nicht allenthalben gleich.

Aus den Aufzeichnungen eines Coesfelder Scharfrichters ersehen wir, daß er sich für seine Arbeit gut bezahlen ließ.

Eine Rechnung, in der die Gebühren für die Richter, Schreiber usw. aufgestellt sind, lautet 1628 folgendermaßen:

1 fl. Herrn Amptschreibern von den Berichten auszufertigen;

2 fl. Herrn Zentgrafen wegen des Berichts mehr;

1 fl. demselben zu warten und mit zur Exekution zu reiten;

2 fl. dem Stadtschreiber mehr;

1 fl. demselben von den Actis zur Cantzley und ins Ampt gedoppelt zu verfertigen;

2 fl. den beiden Herren Geistlichen;

3 fl. 2 Patzen 2 Hll. für Zehrung in werenden seiner Verhaftung uff Ihn ergangen laut Zettels;

4 fl. 6 Patzen Philipps Seberichen. Des Verhafften 22 tag und nacht zu hüten.

3 fl. 2 Patzen 2 Hll. beiden Bütdeln solche Zeit über des Verhaffteten zu warten, Jedem des Tags und nachts 2 P.

2 fl. 6 Patzen zu seinem Theil für Kohlen so die Zeit über verbrand worden.

5 fl. dem nachrichter von dieser Persohn hinzurichten;

1 fl. 7½ Patzen von seiner Gefängnis zu säubern;

2 fl. dem nachrichter von dem Verhafftteten zu verbinden;

4 Patzen zu seinem 5ten Teile als Zentgrafen beiden Burgermeistern und Stadtschreibern dieser Rechnung bayzuwohnen und aller Uncosten zu bezahlen, für Ihre Mühe.

Der Scharfrichter Franz Schmidt hat ein Tagebuch über sein blutiges Handwerk geführt, in dem er die Delinquenten genau mit Namen nennt und ebenso genau die Martern und Todesarten angibt, welche diese durch seine Hand erlitten haben. Einzelne Fälle wollen wir hier nicht angeben. „Summa Summarum,“ schließt der Nachrichter Franz Schmidt im Jahre 1617 sein Tagebuch, „habe er 361 Personen vom Leben zum Tode hingerichtet und außerdem 345 Personen am Leibe gestraft und mit Ruten ausgestrichen. Darauf habe er seinen Dienst aufgegeben und sei wieder redlich gemacht worden.“ Aus diesem Schlußsatze ersehen wir, daß die Henker nicht im besten Rufe standen, daß man sie mehr als Menschen zweiter oder dritter Klasse betrachtete und behandelte und ihren Umgang mied.

Ein verrufener Hexenrichter war Balthasar Roß im Stifte Fulda. In den Jahren 1603—1605 führte er 205 Personen mit Namen an, die er in dieser Zeit gerichtet habe. Er erfand besondere Martern, um die Hexen zum Geständnisse zu bringen. Ihm scheinen alle möglichen und unmöglichen Angaben der Gefolterten recht gewesen zu sein, um ein Todesurteil fällen zu können. So „bekannte“ eine Frau, sie habe ihren Mann umgebracht, und doch war allgemein bekannt, daß derselbe überfahren worden und so zu Tode gekommen war. Eine andere Hexe zwang er zu dem Geständnis, sie habe ihre beiden Kinder umgebracht und einem Bauer einen Schimmel „gesterbt“. Die beiden Kinder lebten aber noch, und dem Bauer war niemals ein Schimmel „gesterbt" (gestorben). Eine andere „Hexe" erklärte auf der Folter, sie habe einen Wirt ermordet, und doch stand dieser Wirt leibhaftig bei dem Gerichte. Solche unsinnigen Geständnisse erzwang dieser Roß durch die Tortur. Man sieht, was von solchen Geständnissen zu halten war. Roß trieb bei den Hexenprozessen außerdem durch Gelderpressungen ein solches Unwesen, daß er 1606 ins Gefängnis geworfen und nach langjähriger, schrecklicher Haft im Jahre 1618 öffentlich enthauptet wurde.

Bei den Prozessen waren die Ankläger zuweilen auch die Zeugen und sogar die Mitrichter. Bei den Bauerngerichten sollen die Henker hier und da in Abwesenheit der Schöffen ganz nach Gutdünken bei dem peinlichen Verhör die Fragen gestellt und dann die Aussagen der Gefolterten dem Volke bekannt gegeben haben.

Aus Trier schreibt ein Augenzeuge: „Zuletzt war die Wut des Volkes und der Wahnsinn der Richter, welche nach Blut und Beute lechzten, so hoch gestiegen, daß man fast niemand mehr fand, den nicht irgend ein Verdacht des Verbrechens getroffen hätte. Inzwischen bereicherten sich die Notare, die Aktuare und die Wirte; der Henker ritt wie ein hoher Herr auf stolzem Roß, in Gold und Silber gekleidet, sein Weib wetteiferte im Putz mit den Adligen. Die Kinder der Hingerichteten wanderten aus, ihre Güter wurden veräußert... Einige der Gerichtsherren rühmten sich der vielen Scheiterhaufen, welche sie errichtet, und der Zahl der Opfer, welche sie den Flammen übergeben. Endlich, als man trotz des fortwährenden Brennens des Unwesens nicht Meister wurde und die Untertanen verarmten, wurden für die Inquisitionen und die Inquisitoren und deren Gewinnsucht und Sporteln bestimmte Gesetze erlassen und in Vollzug gesetzt, und da erlosch plötzlich, wie wenn im Kriege das Geld ausgeht, das Ungestüm der Hexenrichter."

„Mit ihrem zeitlichen Vermögen mußten die Hexen die Gewinnsucht ihrer Richter befriedigen. Gefangene, von welchen Geld herausgeschlagen werden konnte, wurden gelinder behandelt, ärmere den größten Schmerzen der Folter ausgesetzt, um „Ätzungskosten" berechnen zu können."

Die Hexenbulle.

Manche Schriftsteller bemühen sich, den ganzen Hexenwahn mit seinen entsetzlichen Folgen der katholischen Kirche auf das Schuldkonto zu setzen. Besonders stützen sich diese Geschichtsforscher auf die sogenannte „Hexenbulle“ von Papst Innozenz VIII. vom Jahre 1484. In dieser Bulle heißt es: Nicht ohne schwere Bekümmernis habe er neulich vernommen, daß in einigen Teilen Oberdeutschlands wie auch in den Provinzen, Städten, Ländern, Ortschaften und Bistümern von Mainz, Köln, Trier, Salzburg und Bremen sehr viele Personen beiderlei Geschlechts, abfallend vom katholischen Glauben, mit den Teufeln Bündnisse eingingen und durch ihre Zaubersprüche und Zauberlieder, durch ihre Beschwörungen, Verwünschungen und andere nichtswürdige Zaubermittel Menschen und Tieren großes Unheil zugefügt und auch sonst argen Schaden verursacht hätten.

Über die Entstehung dieser Hexenbulle berichtete Hansen also: „Der Widerstand und Widerspruch aber, den die Prozesse, welche von Institoris und Sprenger auf Grund der neuen, von der Ketzerinquisition hervorgebrachten Begriffs vom Hexenwesen in Szene gesetzt wurden, bei Geistlichen und Laien in Deutschland fanden, veranlaßte beide, bei Papst

Innozenz VIII. um Bestätigung ihrer Kompetenz gegen die Hexen nachzusuchen. Die Wirkung ihres Nachsuchens war die bekannte Hexenbulle Innozenz VIII. vom 5. Dezember 1484, welche ihre Kompetenz über die Hexen für die Kirchenprovinzen Mainz, Trier, Köln, Salzburg und Bremen anerkannte und den Bischof Albrecht von Straßburg beauftragte, die beiden Inquisitoren in ihrer Tätigkeit zu fördern. Ein Hexenprozeß, den Institoris im Jahre 1485 (anscheinend auf der Rückkehr von Rom, wohin er sich zur Auswirkung der Bulle wohl persönlich begeben hatte) in der Diözese Brixen ... inszenierte, scheiterte aber trotz der Bulle ... an dem verständigen Eingreifen des Brixener Bischofs Georg Golser, der dem ... Institoris zuletzt einfach den Stuhl vor die Türe setzte." (Eingehender wird diese Sache Seite 51 und ff. behandelt werden.)

Was ist von dieser „Hexenbulle" zu halten? Wie Hansen vorhin zeigte, kümmerte sich Bischof Georg von Brixen um diese Bulle nicht; er jagte vielmehr den Inquisitor, der sie ihm gebracht hatte, zum Lande hinaus. Er betrachtete diese Hexenbulle als eine rein persönliche Ansicht des Papstes Innozenz VIII., aber nicht als eine kirchliche Lehrentscheidung. Da er über den Hexenwahn nun andere Ansichten hatte als der Papst, verbot er Institoris in seinem Bistum seines Amtes als Hexenrichter zu walten.

Der Geschichtsforscher Jansen urteilt darüber also: „Diese Bulle enthält an sich durchaus nicht eine dogmatische Entscheidung über das Hexenwesen. Niemand ist verpflichtet, zu glauben, was darüber nach den dem Papste gewordenen Berichten in der Bulle enthalten ist, auch wenn Innozenz VIII. selbst daran geglaubt hat. Die Bulle führte auch, genau genommen, nichts Neues ein. Die beiden Inquisitoren wurden, was sie vorher schon waren, als Richter über das Verbrechen der Zauberei unter näheren Bestimmungen bevollmächtigt, und wenn der weltliche Arm gegen diejenigen, welche ihm durch die geistlichen Gerichte als unverbesserlich überliefert wurden, die Todesstrafe verhängte, so ist diese Strafe weder unmittelbar noch mittelbar durch jene Bulle eingeführt worden, da bereits dritthalbhundert Jahre früher der Sachsenspiegel (ein Gesetzbuch) als allgemeine Rechtsgewohnheit festgestellt hatte: Zauberer und Hexen sollten mit Feuer gerichtet werden. Am wenigsten kann man die Bulle als Ursache der Greuel bezeichnen, welche in den folgenden Jahrhunderten in protestantischen Ländern bei der Verfolgung und Bestrafung der Hexen verübt wurden. Denn von dem „Antichrist in Rom" ließen sich die Protestanten keine Weisungen erteilen."

Gerade so wenig, wie den Protestanten diese „Hexenbulle" als Richtschnur gedient hat, werden sie sich auch um den von zwei Dominikanern verfaßten „Hexenhammer" gekümmert haben.

Verschiedene protestantische Geschichtschreiber teilen auch die Ansicht nicht, daß durch „Hexenbulle" und „Hexenhammer" der Hexenwahn die furchtbare Gestaltung angenommen hat, wie es leider geschehen ist. So urteilt Trümmer: „Es ist ein Irrtum, päpstlichen Bullen, wie z. B. der Summis desiderantes von 1484 (das ist die sogenannte „Hexenbulle") oder (wie unter andern Goethe meinte) Luthers Ansichten vom Teufel die blutige Hexenverfolgung zuzurechnen. Am meisten hat dabei die rohe und blinde Willkür der Rechtspraxis verschuldet." Schindler urteilt: „Es hat sich der Hexenprozeß allmählich herangebildet. Er ist längst da, ehe Bulle und Hexenhammer erscheinen, und wie wenig Rom zu beschuldigen ist, den Hexenprozeß nur zur Unterdrückung der

Ketzerei erfunden zu haben, wird auf das bündigste dadurch bewiesen, daß das Verbrennen in protestantischen Ländern und von protestantischen Juristen mit gleichem Eifer betrieben wurde wie in den katholischen Ländern." „Es ist ein völlig ungegründeter Vorwurf, den lutherische Schriftsteller der römischen Kirche machen, daß sie die Gleichstellung der Ketzerei und Zauberei erfunden habe, um unter dem Vorwande der Zauberei die Ketzer zu vertilgen." (Roskoff, Geschichte des Teufels.) An einer andern Stelle sagt derselbe Verfasser: „Der Glaube an Hexen ist nicht erst der christlichen Periode eigen, und ebenso ist es Tatsache, daß der Hexenprozeß nicht erst durch die Bulle Innozenz VIII. erfunden worden ist, da alles Material dazu schon lange vor dieser aufgehäuft vorliegt. Soldan und andere haben strafrechtliche Vorkehrungen in dieser Beziehung vor dem 13. Jahrhundert angeführt, wonach Zauberei mit körperlicher Züchtigung, mit Vermögens- und Lebensstrafe belegt worden ist."

Professor Dr. Seemann urteilt in dieser Sache so: „Merkwürdiger Weise ist bezüglich des Verhaltens gegenüber dem Hexenwahn kaum ein Unterschied zwischen den verschiedenen christlichen Kirchen wahrzunehmen. Es ist ein großer Irrtum, anzunehmen, daß nur die katholische Kirche die Verfolgung der Zauberer und Hexen systematisch betrieben habe, im Gegenteil, die protestantischen Kirchen suchten es derselben darin wo möglich noch zuvor zu tun. Die kurfürstlich sächsische Verordnung vom Jahre 1572 ist die allerstrengste in dieser traurigen Angelegenheit."

Wolfgang Menzel äußert sich in dieser Sache also: „Als die Reformation ausbrach, wurde der Wahn (Hexenwahn) nicht erkannt und abgelegt, sondern er wuchs noch. Die alten Weiber wurden als vermeinte

Hexen von den Lutheranern sogar noch fanatischer verfolgt als von der alten Inquisition; denn die Angst und der Haß jener Schreckenszeiten sah überall den Teufel und malte ihn an alle Wände."

In dieser genannten Bulle ist keine Rede von Folter und Feuertod, von Hexenfahrten, Teufelsbündnis und Wettermachen. Tartarotti, den wir später noch genauer kennen lernen werden, sagt über dieselbe: „Solche päpstliche Bullen erweisen die Zauberkraft nicht; nein, sie setzen sie voraus und entscheiden nichts, als nur in den angeblichen Bedingnissen, wenn sie sind. Es mißbrauchen also die Gegner den Sinn und das Urteil der Kirche. Dieses sind prächtige Namen, die gewissen Menschen Sand in die Augen streuen, daß sie nicht unterscheiden können, als wenn solche Verordnungen, die von den Taten handeln, Glaubensaussprüche wären." Diefenbach schreibt zur Würdigung dieser Bulle: „Wenn eine Bulle eine dogmatische Definition enthalten soll, so muß sie dieses ausdrücklich sagen, und sich nicht an den Jakob Sprenger in Köln und den Institor in Straßburg wenden, sondern an alle Patriarchen, Primate, Erzbischöfe 2c. des ganzen Erdkreises."

Meyers Konversationslexikon, das ebenfalls die Ansicht teilt, die vorhin genannte Bulle und mehrere andere Bullen von Alexander VI., Julius II., Leo X. und Hadrian VI. hätten den Hexenwahn und die Hexenprozesse recht in Fluß gebracht, muß trotzdem eingestehen: „Auch die protestantische Geistlichkeit teilte den Teufels- und Hexenglauben, und es waren die Hexenprozesse in den protestantischen Ländern nicht weniger als in den katholischen." Hier wird auch zugestanden, daß der „Gelddurst" eine Hauptquelle der Hexenprozesse gewesen sei. In England erhielt ein gewisser Hopkins, der das Land als

Hexenjäger durchzog, für jede aufgetriebene Hexe 20 Schilling (etwa $16^1/_2$ M. nach unserm Gelde). Er schrieb ein besonderes Buch über die Auffindung der Hexen, auf dessen Titel er sich selbst „Hexenfinder" nennt.

Nachdem wir gesehen haben, daß der Hexenwahn und die Hexenprozesse gleichsam eine Krankheit der Jahrhunderte war, für die man weder das eine noch das andere Glaubensbekenntnis verantwortlich machen kann, wollen wir sehen, welche Ausbreitung diese Prozesse in den einzelnen Landesteilen fanden. Wir beginnen mit dem Süden und schreiten nach dem Norden fort.

Der Hexenwahn in Tirol und in der Schweiz.

In Tirol scheint der Hexenwahn mit dem früher genannten Inquisitor Heinrich Institoris,*) dem Hauptverfasser des „Hexenhammers", seinen Einzug gehalten zu haben. Dieser erschien nämlich im Sommer des Jahres 1485 in Brixen und erklärte dem dortigen Bischof Georg Golser, daß er vom Papst gesandt sei, die Hexen in seiner Diözese zu richten (Vergleiche Seite 47). Anfangs leistete Bischof Georg Golser dem Inquisitor bei seiner Hexenverfolgung Hilfe, und im August des genannten Jahres begann Institoris seine Hexenarbeit und zwar mit solchem Erfolge, daß gegen Ende August schon etwa fünfzig Hexen aufgestöbert und eingekerkert waren. Vierzig davon hatte man in Innsbruck oder dessen nächster Umgebung auf-

*) Auch Institor (Krämer) geschrieben.

getrieben. Bis auf zwei gehörten alle dem weiblichen Geschlechte an. Die Verhöre leitete Institoris selbst. Der später vom Fürstbischof von Brixen bestellte Kommissar und der weltliche Vertreter des Erzherzogs nahmen an den Gerichtssitzungen zunächst wenig teil. Institoris wollte sich wohl den Ruhm als Hexenrichter nicht schmälern lassen und kümmerte sich um die bestellten Kommissare wenig. Wir finden hier, daß die wegen Zauberei und Hexerei angeklagten Personen vor kein gemischtes, sondern zunächst nur vor ein geistliches Gericht gestellt wurden.

Im September trat ein Stillstand in den Hexenprozessen ein. Eine große Zahl von Angeklagten und Zeugen war bis dahin verhört worden; auf Grund dieser Verhöre wurde eine Anzahl Angeschuldigter aus der Haft entlassen, eine Anzahl jedoch zurückbehalten. Dem Hexenrichter fehlte die Macht, gegen letztere weiter mit Strafen vorzugehen. Deshalb wandte sich Institoris in zwei Schreiben an den Bischof und an den Landesfürsten. Nachdem der Hexenrichter auf diese Schreiben vom Bischof Antwort erhalten hatte, setzte er im Oktober mit neuem Eifer die Verhöre fort. Um den Wunsch des Bischofs, auch weltliche Richter zuzuziehen, kümmerte er sich jedoch nicht. Bischof Georg Golser beauftragte jedoch den Pfarrer Samer, den Verhören beizuwohnen, was denn auch geschah.

Bei diesen Verhören benahm sich Institoris sehr leidenschaftlich, war beim Verhör falsch und doppelzüngig. Letzteres Verfahren gestattete Institoris ausdrücklich in seinem bald darauf erscheinenden Hexenhammer. Der Richter darf, um die Angeklagten zum Geständnis zu bringen, ihnen Befreiung aus dem Kerker versprechen, wenn er sich dabei denkt: „Sie werden befreit aus dem Gefängnisse, sobald sie zum

Scheiterhaufen hinausgeführt werden." Dazu erlaubte sich dieser Hexenrichter Fragen, die alles Maß des Anstandes überschritten, so daß einmal der bischöfliche Kommissar drohte, sich zu entfernen, wenn solche Fragen wiederholt würden. Im Gegensatz zu den späteren Hexenprozessen muß hier jedoch erwähnt werden, daß in den Verhören immer nur die Rede war von Schädigung fremden Eigentums und Leib und Leben der Mitmenschen; nach Bündnissen mit dem Teufel, von nächtlichen Ausfahrten, Hexenversammlungen und Verwandlung der Hexen in Tiere, welche Anklagepunkte später die Hauptrolle spielten, war hier noch keine Rede.

Nachdem die Verhöre vom 4.—21. Oktober gedauert hatten und die Prozesse ihrem Abschlusse nahe schienen, trat plötzlich eine unerwartete Wendung ein. Der Bischof schien in seiner anfänglichen guten Meinung über diesen Hexenrichter wankend geworden zu sein. Es trat ein besonderer Gerichtshof zusammen, welcher das Verfahren des Institoris prüfen sollte, was diesem schwerlich recht gefallen haben wird. Zu diesem Gerichtshofe gehörte auch wieder Pfarrer Samer und Generalvikar Turner. Den Angeklagten wurde ein Verteidiger zur Seite gestellt, Johann Merwais aus Wendingen. Dieser drehte den Spieß um und verlangte die Freisprechung aller Angeklagten und die Verhaftung des Hexenrichters Institoris. Letzteres erreichte dieser Verteidiger zwar nicht, ersteres dagegen wohl. Am 31. Oktober verkündete Generalvikar Turner das Urteil, in dem es hieß: „Der Prozeß gegen die sieben angeklagten Weiber ist nicht nach den Rechtsnormen geführt worden, daher null und nichtig, oder muß als solcher erklärt werden. Die eingekerkerten Weiber sind in Freiheit zu setzen; dieselben haben jedoch des Ärgernisses unter dem Volke halber Bürgschaft zu leisten, daß sie jederzeit, sei es zum Zwecke einer neuen Untersuchung oder zur Leistung der kanonischen Reinigung, sobald sie dazu aufgefordert werden, sich dem Gerichte stellen wollen."

Dieser unerwartete Ausgang war zweifellos das Verdienst des Bischofs Georg Golser, der an den ganzen Hexenspuk wenig geglaubt zu haben scheint. Solange dieser Kirchenfürst regierte, war es überhaupt mit den Hexenprozessen in seiner Diözese vorbei. Ein Geschichtschreiber urteilt über diesen Bischof in dieser Angelegenheit: „Bei den Untersuchungen über die Hexen (durch den päpstlichen Inquisitor) kamen teils aus vorsätzlicher Bosheit, teils aus erhitzter Einbildung, wohl auch aus Furcht vor der Folter, Aussagen vor, die selbst Personen vom höheren Stande und vom Hofe des Erzherzogs in Verdacht stürzten. Billig trug also der Bischof schon anfangs darauf an, daß man in Hinsicht auf die größere Menge der Verklagten, auf Einfalt und Unwissenheit nicht zu streng verfahren sollte. Billig schaffte er den Inquisitor, da er sich durch so grundlose Aussagen hintergehen ließ und dadurch so manchen Unfrieden zwischen den Eheleuten, so grausames Verfahren gegen Unschuldige veranlaßte, zum Lande hinaus. Er gab dadurch das Signal gegen die Hexenprozesse — nur schade, daß dasselbe erst nach dreihundert Jahren allgemein beobachtet wurde."

Man sollte glauben, dem Inquisitor Institoris wäre der Tiroler Boden nach dem für ihn so unglücklichen Verlaufe seines ersten Hexenprozesses zu heiß geworden, und er hätte sich schleunigst aus dem Lande entfernt. Weit gefehlt! Er hielt sich dort noch mehrere Monate auf und suchte sogar von neuem Hexenprozesse anzufachen, jedoch ohne Erfolg. Der Bischof schrieb ihm einen Brief, in dem er unter anderm sagte: „Da ich gehört habe, daß die Gemüter einiger gegen Eure Paternität aufgeregt sind, so scheint es durchaus nötig, E. P. anzuzeigen, daß Ihr fortgeht, und zwar je eher, desto besser. Mehrere sind müde geworden und betrachten Euern Prozeß als ungewöhnlich oder ertragen ihn schwer. Daher melde ich, indem ich schuldig bin, Skandale und Gefahren soviel als möglich abzuwenden, daß Ihr Euch nach Euerm gewöhnlichen Aufenthaltsorte begebet und nicht länger hier verweilet; das ist das beste. (Ich weiß, was ich schreibe.)"

Dieser gewiß sehr deutliche Wink verfehlte jedoch bei dem Hexenrichter seine Wirkung; er blieb ruhig in Tirol. Der Bischof mußte ihm nochmals ein Schreiben zusenden, welches beginnt: „Ich wundere mich sehr, daß Ihr noch immer in meiner Diözese bleibt." Dieses zweite Schreiben scheint Institoris dann doch endlich bewogen zu haben, Tirol zu verlassen. —

Diese Niederlage in Tirol scheint Institoris zur Bearbeitung und Herausgabe seines berüchtigten Hexenhammers veranlaßt zu haben.

Längere Zeit verlautet sodann in Tirol nichts von Hexenprozessen. Vom Jahre 1501 bis 1505 wurde im italienischen südlichen Tirol ein Hexenprozeß geführt, von dem die Akten noch vorhanden sind. Der Prozeß schwebte gegen mehrere Zauberer und Hexen aus dem Fleimerstale, gegen die die Folter häufig in Anwendung kam. Die Aussagen der Angeklagten umfassen bereits den ganzen Hexenspuk; es ist die Rede von nächtlichen Ausfahrten der Hexen und ihren Zusammenkünften mit dem Teufel, von dem in dem vorhin genannten Prozesse noch keine Rede war. Wir wollen hier des Interesses wegen und um den bodenlosen Unsinn, den man durch die Folter erpreßte, zu zeigen, einige Aussagen dieser „Hexen" anführen.

Eine gewisse Margherita, genannt Tessadrella aus Tescero sagt aus, daß sie in einer Nacht von zwei schwarzen Katzen zu einem Hexengelage abgeholt worden sei, zu welchem sich mehrere andere Hexen eingefunden hätten und wobei selbstverständlich auch der Teufel erschien. Da wurde ein großes Feuer angemacht und Ochsen- und Kuhfleisch verzehrt, es wurde getanzt, und der Teufel trieb mit den Hexen allerlei Unfug. Bevor sie zu dem Gelage zugelassen wurde, mußte sie in Gegenwart des Teufels feierlich Gott, der Jungfrau Maria und der katholischen Kirche abschwören. — Die meisten Angeklagten wurden hingerichtet, einigen wenigen gelang es, ihr Leben durch die Flucht zu retten. Das Vermögen aller Angeklagten wurde eingezogen.

Im deutschen Südtirol spielte ein Hexenprozeß in den Jahren 1506 und 1510 gegen neun Frauen. Aus dem Jahre 1540 ist der Prozeß gegen Barbara Pachlerin, die „Sarntaler Hexe" bekannt. 1594 wurde eine Hexe, Ursula Zanggerin, vom Stadt- und Landgerichte Kitzbühel verurteilt und verbrannt. Zahlreiche Hexenprozesse werden aus dem italienischen Tirol aus der ersten Hälfte des 17. Jahrhunderts gemeldet.

Im nördlichen Tirol begannen gegen Ende des 16. Jahrhunderts die Verfolgungen der Hexen häufiger und schärfer zu werden. Im Pustertale wurde 1680 eine Witwe mit ihren vier unmündigen Kindern wegen Zauberei verurteilt. Die Mutter und die beiden ältesten Kinder im Alter von 14 und 12 Jahren wurden hingerichtet.

Unglück hatte ein Bettelbube aus dem Zillertale. Dieser Junge, namens Lienhard, war seinem Stiefvater entlaufen und suchte sich in der Fremde durch Viehhüten und Betteln sein Brot zu verdienen. Da hatte er im Sommer des Jahres 1679 das Unglück, den Wächtern der öffentlichen Ordnung in die Hände zu fallen. Diesen schien er dringend verdächtig, durch teuflische Zauberkünste ein Unwetter verursacht zu haben. Er stellte sich beim ersten Verhör so unwissend, daß er nicht einmal seinen Schreibnamen wußte. Auf die Frage, von wem er das Zaubern gelernt habe, erzählte er nach und nach folgende ergötzliche Geschichte: Bei Grill sei ihm der böse Feind begegnet in Gestalt eines schwarz gekleideten Jägers mit einer Büchse über der Schulter. Sein Name war der „schieche" (häßliche) oder „Zauber-Jakl". Dieser habe ihn mit dem Messer in den Mittelfinger der rechten Hand geschnitten, das aus der Wunde träufelnde Blut habe er in seinem Hute aufgefangen und dann mit einem Hölzchen seinen Namen auf Papier geschrieben. Er habe ihm auch gesagt, daß er ihn Zauberkünste lehren wolle, als Sonnenschein und Regen machen, auch Ungewitter und Mäuse, auf einem Stecken reiten usw. Auch habe er ihm verboten, zu beten und in die Kirche zu gehen; er dürfe nicht mehr an Gott und Unsere Liebe Frau denken, sondern nur an ihn, den Zauber-Jakl. Er habe aber Gott und Unsere Liebe Frau nie verspottet. Man fragte den Jungen, was ihm der Teufel dann gegeben habe. Er antwortete: Nichts, als einmal einen Kreuzer. Diesen habe er aber bald verloren, weil sein Bündel ein Loch hatte.

Über die Art und Weise, wie er seine Zauberei ausgeführt habe, erzählte dieser Bettelbube weiter: Wollte er ein Wetter machen, so habe er mit einem Hölzchen in einem Kreis herumgefahren und dabei gerufen: „Jakl, komm' und mache ein Wetter!" Ebenso einfach habe er Mäuse gemacht. Er habe mit dem Hölzchen in der Luft umhergefahren, dabei mit dem Munde gewispelt und den Mäusen gelockt und dabei gesagt: „Jakl, komm' und mache Mäuse!"

Der Junge wurde an mehreren Orten verhört, zuletzt in Meran, und wiederholte allenthalben denselben Unsinn. Auf Grund dieser Aussagen wurde er denn auch zum Tode verurteilt und am 13. Dezember 1679 zu Passer mit dem Schwerte hingerichtet; der tote Leib wurde sodann verbrannt. Mit diesem Jungen wurden am gleichen Tage noch drei junge Leute im Alter von 18—25 Jahren zu Meran wegen gleicher Verbrechen hingerichtet. Es kommt uns unglaublich vor, daß wegen solcher Aussagen, die den Stempel des Erfundenen an sich tragen, ein Mensch zum Tode verurteilt werden konnte. Die Richter waren eben Kinder ihrer Zeit und auch mit deren Geist behaftet.

Ihr Ende fanden die Hexenprozesse in Tirol erst während der Regierungszeit der bekannten und berühmten Kaiserin Maria Theresia von Österreich. Im Jahre 1766 erließ sie eine Verordnung, in deren Eingang es heißt: „Wie weit der Wahn vom Zauber- und Hexenwesen bei vorigen Zeiten bis zur Ungebühr angewachsen sei, ist nunmehr eine allbekannte Sache. Die Neigung des einfältig gemeinen Volkes zu abergläubischen Dingen hat hierzu den Grund gelegt, die Dummheit und Unwissenheit, als eine Mutter der Verwunderung und des Aberglaubens, hat solchen befördert; woraus dann, ohne das Wahre vom Falschen zu unterscheiden, bei dem gemeinen Volke die Leichtgläubigkeit entsprungen ist, alle solche Begebenheiten, die solches nicht leicht begreifen kann und doch nur aus natürlichem Zufalle, Kunst oder Geschwindigkeit herrühren, ja sogar auch solche Zufälle, die ganz natürlich sind, als Ungewitter, Viehunfall, Leibeskrankheiten &c. dem Teufel und seinen Werkzeugen, nämlich den Zauberern und Hexen zuzuschreiben. Diese Begriffe von zahlreichem Zauber- und Hexengeschmeiße

Kaiserin Maria Theresia (1740—1780).

Gemälde von M. von Meytens (Schloß Schönbrunn bei Wien).

wurden von Alter zu Alter fortgepflanzt, ja den Kindern fast in der Wiege mit fürchterlichen Geschichten und Märlein eingeprägt und dadurch dieser Wahn allgemein verbreitet und immer mehr und mehr bestärkt und selbst in Führung von dergleichen Prozessen ist von den echten Rechtsregeln großenteils abgewichen worden."

In Paragraph 7 dieser Verordnung heißt es: „Wir haben gleich beim Anfang Unserer Regierung auf Bemerkung, daß bei dem sogenannten Zauber- und Hexenprozesse aus ungegründeten Vorurteilen viel Unordentliches sich mit einmenge, in Unsern Erblanden allgemein verordnet, daß solche vorkommenden Prozesse vor Kundmachung des Urteils zu Unserer höchsten Einsicht und Entschließung eingeschickt werden sollen, welch Unsere höchste Verordnung die heilsame Wirkung hervorgebracht, daß derlei Inquisitionen mit sorgfältigster Behutsamkeit abgeführt und in Unserer Regierung bisher kein wahrer Zauberer, Hexenmeister oder Hexe entdeckt worden, sondern derlei Prozesse allemal auf eine boshafte Betrügerei oder eine Dummheit und Wahnwitzigkeit des Inquisiten oder auf ein anderes Laster hinausgelaufen ist und mit empfindlicher Bestrafung des Betrügers oder sonstigen Übeltäters oder mit Einsperrung des Wahnwitzigen geendet hat."

In Paragraph 10 wird die Anwendung der Folter untersagt. Die Gerichte haben jeden Fall dem Obergerichte anzuzeigen und dessen weitere Weisung abzuwarten. — Seit diese Anordnung in Kraft getreten ist, hat man in den Habsburgischen Erblanden nichts mehr von Prozessen und Strafen gegen Zauberer und Hexen gehört.

Der oben angeführte Grund, daß man den Kindern die Geschichten von Hexen und Hexenmeistern erzähle, ist auch wohl heute noch eine Hauptquelle, weshalb der Hexenwahn noch nicht völlig ausgestorben ist und auch sobald noch nicht aussterben wird.

In der Schweiz wurden gegen 1530 im Veltlin etwa 300 Hexen verbrannt, trotzdem hatte man das „Ungeziefer nicht erschöpfen können". Im Jahre 1543 erschien eine Verfügung der Regierung zu Bern, in der die grausame Marter der Hexen eingeschränkt wurde. „Wir vernehmen, wie die Edelleute und Zwingherren in deiner Verwaltung und anderswo in unserm neugewonnenen Lande mit den armen Leuten, so der Unholde oder Hexerei verdächtig und verleumdet werden, ganz unweislich grob seien und unrechtförmig handeln. Auf ein jedes schlechtes Läumden, Angeben oder einzigen Prozeß unerfahrener Sachen bringen sie die verzeigten, verargwohnten Personen mit großer, unbräuchlicher Marter (als mit dem Feuer und Brand an den Füßen, Stoopaden u. dergl.) zur Bekennung und Verjahung unverbrachter Sachen und richten sie ohne weiteren Rat vom Leben zum Tode."

„Unter Kalvin fanden in Genf Massenhinrichtungen statt, was sich teilweise aus dem theokratischen Staatsbegriff Kalvins und aus dem mächtigen Einfluß erklärt, den Kalvin auch auf die Strafgesetzgebung der Stadt ausübte. Nicht mit Unrecht ist von den Strafgesetzen, welche der Rat der Stadt nach Kalvins Weisung aufstellte, gesagt worden, sie seien noch mehr mit Blut geschrieben als die Satzungen Drakons und kaum anwendbar auf fehlbare Menschen dieser Erde. Die oberste Norm aber, nach der sich diese Strafgesetzgebung Genfs gestaltete, war der Gedanke: Alles, was vor Gott strafbar ist, das muß in einem christlichen Staate, soweit es von Menschen wahrgenommen werden kann, auch vor dem Strafgesetz strafbar sein. Nun hat Gott z. B. ausdrücklich die Zauberei mit Todesstrafe zu ahnden befohlen. Daher wollte Kalvin, daß alle Zauberer in Genf — zur Ehre Gottes — ausgerottet würden. Das ganze Gerichtsverfahren Genfs läßt darum nicht nur eine ungewöhnliche Strenge, sondern auch eine beklagenswerte Härte erkennen ... Allerdings erscheint der Hexenglaube, wie er im Malleus maleficarum (Hexenhammer) dokumentiert war, in Genf noch nicht vollständig entwickelt. Aber Bündnisse mit dem Satan, Zauberei und Pestbereitung waren die Anklagetitel, auf welche hin jetzt Unzählige in lange, schreckliche Haft, auf die Folter, aufs Schafott und auf den Scheiterhaufen gebracht wurden." (Soldan.)

Genf war seit dem Jahre 1542 von einer schweren Pest heimgesucht worden, und diese wurde „Pestbereitern" zur Last gelegt, welche durch Zauberei und Bündnis mit dem Teufel das Unheil heraufbeschworen haben sollten. Die Zahl der während der Jahre 1542—1546 vorgenommenen Verhaftungen wird auf 800—900 berechnet. Namentlich zu Anfang des Jahres 1545 häuften sich die Einkerkerungen und Prozesse in erschreckendem Maße. Der Kerkermeister erklärte am 6. März dem Rate, die Gefängnisse seien mit Angeklagten überfüllt, er könne weitere nicht mehr aufnehmen. Um von den Angeklagten Geständnisse zu erpressen, erfand man neue Qualen. „Aber welche Pein man ihnen auch antat, sie wollten die Wahrheit nicht bekennen." Mehrere der Angeklagten endeten während oder kurz nach den Folterungen unter Beteuerung ihrer Unschuld. Andere gaben sich, um den Martern zu entgehen, in der Verzweiflung selbst den Tod. Natürlich geschahen diese Selbstmorde nach der Meinung der Hexenrichter auf Eingebung des Teufels. Daß sie aber gerade diese Teufel waren, welche die Armen zur Verzweiflung brachten, scheinen sie nicht erkannt zu haben. Der Arm des Henkers erlahmte unter der Last der Arbeit ... Binnen drei Monaten wurden 34, unter diesen die eigene Mutter des Henkers — entsetzlich! — durch Schwert, Scheiterhaufen, Galgen und Vierteilung vom Leben zum Tode gebracht. Der eigentlichen Hinrichtung gingen gewöhnlich noch grausame Verstümmelungen des Körpers voraus. Kalvin wurde darüber zu keinem Erbarmen bewegt ... In eigener Person brachte er sogenannte Zauberer wie Häretiker der Obrigkeit zur Anzeige, „damit dieses Geschlecht ausgetilgt werde."

In Basel wurden in den Jahren 1530, 1532, 1541 und 1550 überaus verwunderliche Hexenprozesse geführt.

In Luzern wurden in den Jahren 1562—1572 491 Personen wegen Hexerei in Haft genommen, aber größtenteils wieder in Freiheit gesetzt. 62 Angeklagte wurden hingerichtet. Weitere Hexenprozesse fanden hier in den Jahren 1575—1594 statt. Zwei dieser Hexen wollten sich in Wölfe verwandelt haben. Die Teufel erschienen nach Angaben der Hexen zuweilen als schwarze Vögel, zuweilen als schwarze Männer mit langem Barte, mit Pferde- oder Bocksfüßen. In Willisau trieb ein Zauberer das Hexenwesen mit fünf Teufeln; diese hießen: der Klaffer, der Jöcker, der Uffrure, der Hurlipusch und der Mörder.

Im Kanton Bern wurden im Jahre 1613 in einem einzigen Amte 27 Hexen oder Zauberer gerichtet.

In Büren (in der Schweiz) hatte im Jahre 1620 ein junger Mensch von 17 Jahren vor Gericht mancherlei gegen seine Mutter ausgesagt. Man brachte ihn hierauf nach Bern und hier erklärte er die in Büren gemachten Aussagen für unwahr; was er dort geredet, sei nur auf Andringen des Schultheißen, des Prädikanten und anderer geschehen, denn obschon er ihnen gleich anfangs den Verlauf der Dinge der Wahrheit gemäß eröffnet habe, hätten sie sich doch damit nicht begnügt, sondern „mit vielem Fräglen, bald liebkosenden glatten, bald aber mit rauhen Worten, vorgebend, seine Mutter habe schon bekannt“, ihn endlich dazu gebracht, daß er geredet, was sie wollten und zu allem ja gesagt. Darauf seien sie noch weiter gegangen, hätten ihn eingesetzt und gefoltert, ihn befragt, ob nicht ein Mann zu seiner Mutter gekommen, ob er nicht grün gekleidet gewesen u. a. m. Bei seiner Abführung nach Bern hatte man ihm noch eingeschärft, nicht wieder zu leugnen, sonst würde man ihn noch mehr martern, was auch leider geschehen. Erst als er den Worten seiner neuen Examinatoren und seines Mitgefangenen nachgedacht, er solle sich selbst nicht unrecht tun, habe er widerrufen und Gott gebeten, daß er ihn bei der Wahrheit erhalten wolle. Mutter und Sohn wurden darauf gegen Erlegung der Kosten freigesprochen. — Dieser Prozeß wirft auf das Tun und Treiben der Hexenrichter ein sehr trübes Licht und zeigt uns, daß Richter und Henker die einzig Schuldigen waren.

In der Grafschaft Valangin fanden in den Jahren 1607—1667 48 Hexenprozesse statt. Im Jahre 1619 wurden hier 10 Hexen verbrannt. Das Prozeßverfahren dauerte gewöhnlich nicht lange; vom Tage der Einlieferung einer „Hexe“ bis zu ihrer Hinrichtung verstrichen meistens nur 10—12 Tage. Das Urteil lautete regelmäßig auf lebendige Verbrennung. Die Verurteilten wurden von der Landesbehörde in Neuchatel, der das Urteil zur Bestätigung vorgelegt werden mußte, gewöhnlich in Erwürgung neben dem Scheiterhaufen — begnadigt. Die Hinrichtung fand vor der Schloßterrasse in Neuchatel statt und haufenweise strömte das Volk herbei, um diesem „Schauspiele“ zuzusehen. Nachher folgte eine große Schmauserei, an welcher das ganze Gerichtspersonal teilnahm. Die Henkersknechte speisten an einem besonderen Tische.

Im Kanton Zürich wurde zum erstenmal eine Hexe im Jahre 1654 verbrannt. Im Jahre 1660 folgten in Stein vier Hexen nach; sie wurden zunächst mit dem Schwerte hingerichtet und dann verbrannt. Unter ihnen befand sich eine Greisin von 75 Jahren, die im Rufe großer Frömmigkeit gestanden hatte.

Hexenglaube und Hexenprozesse in Siebenbürgen, Böhmen und Oesterreich.

Ueber den Hexenglauben in Siebenbürgen liegt eine Abhandlung von Gymnasiallehrer Friedrich Müller in Schäßburg vor, der wir das Nachstehende entnehmen:

Vor der sogenannten Reformation kam der Hexenglaube in Siebenbürgen nur vereinzelt vor, Hexenprozesse waren überhaupt unbekannt, wenn man nicht die Sage vom Doktor Faust, der in Siebenbürgen sein Unwesen trieb, den Hexengeschichten anreihen will. Doktor Faust ist lange Zeit in Hermannstadt gewesen und hat daselbst viele Stücklein verübt. Einmal spielte er daselbst auf dem großen Ring, wie ein Kavalier gekleidet, Kegel mit mächtigen, steinernen Kugeln, die sich während des Rollens in Menschenköpfe verwandelten und beim Stehenbleiben wieder Steine waren. Ein andermal ging er in Gestalt des damaligen Pfarrers auf dem Kirchendache spazieren und stellte sich auf dem Turmknopfe auf den Kopf. Da aber der wirkliche Pfarrer herauskam und jenen oben sah, sprang Faust zum Entsetzen der Leute mitten unter sie herab, kam aber auf die Erde als eine greuliche schwarze

Katze mit feurigen Augen, die sich alsbald verlor. Den Hermannstädtern trug er sich oft als Baumeister an; diese merkten aber gleich, mit wem sie es zu tun hatten, und wollten keinen Vertrag mit ihm abschließen. Einmal wollte er sie überreden Turm und Kirche abzubrechen, in sieben Wochen wollte er ihnen eine viel größere und schönere bauen, wenn sie ihm den Platz, wo jetzt die katholische Kirche stehe, zu einem Hausbau überließen. — Wir sehen, daß diese Sage vom Doktor Faust stark nach dem erst später auftauchenden Hexenwahn schmeckt.

Die ersten verbürgten Hexenverfolgungen stammen aus dem Anfange des 17. Jahrhunderts. Im Jahre 1606 sollte der Fürst Bocskay an einem Philtrum (Liebestrunk) umgekommen sein. 1631 ist der weise Herr Daniel Fronius von Hexen verdorben und also gestorben, heißt es in einer alten Kronstädter Notiz. Gegen 1686 war die Gemahlin des Fürsten Michael Apafi I., eine Tochter des Gardehauptmanns Paul Bornemissa, wahnsinnig geworden. Man sah die Hexen als die Ursache dieses Wahnsinns an und veranstaltete eine große Untersuchung: die Flammen der Scheiterhaufen loderten fast überall in Siebenbürgen. Hier sehen wir somit den Hexenwahn und dessen Folgen in voller Tätigkeit. Als Haupturheberin des Unglücks der Fürstin sah man eine Witwe an, weil diese einst geäußert haben sollte, sie werde noch einmal auf irgend eine Weise Fürstin von Siebenbürgen werden. Diese Witwe wurde festgenommen und starb eines elenden Todes. Der Wahnsinn der Fürstin nahm nach dem Tode der Witwe jedoch keineswegs ab; besonders sah sie in allen Mücken Hexen. Wollte sie ein Zimmer betreten, so mußten die Hofdiener zuvor alle Mücken daraus entfernen. Sah sie dennoch ein solch gewaltiges Tier auf einem Stück Möbel sitzen, so mußte sogleich alles weggeschafft, neue Tische, neue Tischtücher,

Teller, Messer, Löffel usw. und zwar in weiße Tücher gewickelt, mußten ihr vorgelegt werden. Diese Frau wird vor ihrem Wahnsinn schon als schwachsinniges, stolzes und abergläubiges Weib bezeichnet.

Nach dem Zeugnisse des Kronstädter Stadtpfarrers Markus Fuchs wurde um 1615 eine große Menge von Hexenmeistern und Hexen verbrannt, weil sie den Willen gehabt haben sollten, durch ihre Teufelskünste ganz Siebenbürgen und Ungarn durch Hagelschlag zu verderben. Der ganze Hergang dieses Vorhabens wird in folgender Weise ausführlich erzählt:

Ein zehn- bis zwölfjähriges Mädchen ging mit seinem Vater in den Weinberg. Der Vater klagte über anhaltende Dürre. Da sagte das Mädchen, es könne, wenn er es wünsche, leicht Regen und Hagel machen. Als der Vater fragte, woher es solches gelernt habe, nannte das Mädchen seine Mutter und ließ augenblicklich ein schreckliches Unwetter über den elterlichen Weinberg herfahren, wobei dem Wunsche des Vaters gemäß die Nachbarn ganz verschont blieben. Jetzt zeigte der Vater die Sache dem Gerichte an, und Mutter und Tochter wurden eingezogen und gaben eine Menge Mitschuldige an. Der Erzähler setzt dann noch hinzu: Die Sache war von höchster Gefährlichkeit; denn wäre sie unentdeckt geblieben, wäre in kurzem von den Früchten und Reben in Ungarn und Siebenbürgen nichts übrig geblieben.

„Tätiger als das geistliche ist das weltliche Gericht in der Verfolgung des Hexenwesens," bemerkt Müller, und gibt dann aus Hexenprozessen des 17. Jahrhunderts mehrere Auszüge an. 1639 klagte Georgius Darotzi die Merten Wehburgerin an, fremde Frucht in ihre Scheune gezaubert zu haben, 1641 wird eine Frau Schmidt des zauberischen Mordes beschuldigt und deswegen in die Verbannung geschickt. 1650 werden zwei Männer aus Lebling, mit Namen Peter Kloß und Gregor Klein, der Zauberei angeklagt, geschwemmt (d. h der Wasserprobe, die in Siebenbürgen sehr viel angewandt wurde, unterworfen) und, da sie oben schwammen und ihnen dadurch „aufs Haupt geschworen“, verbrannt. Ein dritter, Klein Michel, wurde „aus Verdacht probiert“, sank aber unter und wird wegen seiner „unnützen“ Reden nur auf Bürgschaft entlassen. 1699 klagt ein Leutnant Aegermont den Bürger Schabel und dessen Frau als Hexen an. Nach sehr umfangreichen Zeugenverhör werden beide „geschwemmt“ und endlich verbrannt.

Bis zum Jahre 1753 finden sich Hexenprozesse, die vor sächsischen Gerichten verhandelt und entschieden worden sind. Die Wasserproben spielen bei manchen Verhandlungen eine ungemein wichtige Rolle. Schwamm die Angeklagte oben, so war das nicht nur für Richter und Zuschauer ein untrügliches Zeichen, daß die Beschuldigte eine Hexe war, sondern die armen Angeschuldigten glaubten nach einer solchen Probe oft selbst daran, daß sie Hexen seien, obschon sie von der Hexerei nichts verstanden. So antwortete eine solche Angeklagte nach dem Schwemmen auf die Frage: „Seid Ihr eine Hexe?“ „Ja, gnädiger Herr Vater.“ Bis zu einem solchen Grade verwirrte die Angst vor der Folter zuweilen die Sinne der Armen, die durch ein Bekenntnis noch Gnade zu finden hofften.

Ueber ganze Familien breitete sich pestartig das Unglück des Hexenwahnes aus. Man hatte Fälle, in denen Großmutter, Mutter und Tochter dem Nachrichter zum Opfer fielen, da man die Ansicht gehabt hat, die Hexerei pflanze sich durch die ganze Generation fort, sie werde vererbt von den Eltern auf die Kinder. Aus diesem Grunde scheinen auch manche Prozeßakten vernichtet worden zu sein, damit durch dieselben spätere Generationen nicht belastet würden. Wie ein Schandfleck lastete es noch Jahrzehnte auf einer Familie, wenn es hieß, Großmutter oder Urgroßmutter hätten den Hexentod erlitten.

Aus dem Urteile, das 1752 gegen eine als Hexe angeklagte alte Frau gefällt wurde, seien des Interesses halber hier einige Punkte angeführt. Die Angeklagte, Barbara Farkas, hat durch ihre Zauberei andern gedroht und nach den Drohungen vielen Schaden zugefügt und sogar den Tod verursacht; einige hat sie zur Nachtzeit erdrückt, andern hat sie die Kinder verkrüppelt. Ein Zeuge hat bekundet, daß er die Farkas durch ein tellergroßes Loch habe in ein Haus schlüpfen sehen, um den Leuten darin Schaden zuzufügen. Sie hat die Kinder mit bösen Augen angesehen, worauf sie erkrankten und starben. Sie schnitt eine Kastanie entzwei und heilte damit die an der Mundsperre leidenden Kranken. Bei verschlossenen Türen sei sie durch den Schornstein in fremde Häuser hinabgefahren und habe die Kinder erdrückt. Ein Zeuge wollte die Angeklagte in Gestalt einer Gans gesehen haben und dergleichen Unsinn mehr. Die Unglückliche wurde natürlich zum Tode verurteilt und dem Scharfrichter überliefert.

Die Verurteilung geschah in Siebenbürgen durch die weltlichen Gerichte. „Es existiert für die Beteiligung des geistlichen Gerichtes an demselben aus Siebenbürgen überhaupt kaum ein Zeugnis, die Geistlichkeit hat in den Synodalbeschlüssen wohl angeregt, aber nie ist Untersuchung und Arbeit gesetzlich in ihren Händen gelegen oder von ihr ausgegangen. Die Anklage erfolgte überall vor dem weltlichen Gerichte . . .“

Auch nach Böhmen wurde die Hexenverfolgung aus Deutschland verpflanzt. Der erste nachweisbare Hexenprozeß erfolgte dort im Jahre 1540. Reich an

Berichten über Strafverfolgungen sind namentlich die Stadtbücher von Komotau, wo zahlreiche Hexenverbrennungen stattfanden. In Solnic beschuldigte einmal der Vorsteher der Fleischerzunft die Schaffnerin eines benachbarten Schlosses, daß sie mit Hilfe des Teufels in einem Umkreise von mehreren Stunden den Kühen die Milch stehle und Leute siech mache. Als die Angeschuldigte eines Tages städtischen Grund und Boden betrat, wurde sie von mehreren Männern überfallen; es entstand ein Auflauf des Volkes, Hunderte schrieen: „Wir haben endlich des Teufels Geschwisterkind, welches unsere Milchtöpfe leerte und unsere Kinder mit Fraisen peinigte! Verbrennet sie, verbrennet sie!“ Die Schaffnerin, vor Gericht gezogen, erklärte, sie sei ruhig ihres Weges gegangen, als man sie in die Stadt geschleppt habe; sie sei keine Zauberin, sondern eine rechtgläubige Christin, welche wie jeder Solnicer Bürger das heilige Abendmahl in beiderlei Gestalt empfange. Aber der Fleischermeister führte einen gewichtigen Zeugen gegen sie vor, welcher ehemals auf jenem Schlosse gedient hatte und nun „auf seine Seele“ aussagte: sie sei eine Hexe. „Denn ich sah im Schlosse einen schwarzen Kater, der nicht viel kleiner war als ein einjähriges Kalb. Derselbe erschien zweimal wöchentlich in der Gesindestube, und stets mußte für ihn etwas zum Essen zurückgelegt werden. Als es einmal Mehlklößchen zum Abendessen gab, wurden drei Stück für denselben aufbewahrt. Weil aber die Magd eines von den Klößchen nahm, rumorte dafür der Kater die ganze Nacht hindurch, und auf dem Gesimse auf und ab laufend, wiederholte er bei sich: „Ein Mehlklößchen, zwei Mehlklößchen; das dritte hat die Magd gefressen.“ Aus Rache fuhr er der Magd in jener Nacht so wild ins Haar, daß sie es nach langer Mühe nicht in Ordnung zu bringen vermochte." Auch habe er gesehen, wie sie einmal in der Walpurgisnacht auf einem Rechen zum Schornstein hinausgeflogen sei. Dieses alles sei so wahr, daß er darauf sterben wolle. Während der Verhandlungen schrie der Pöbel vor dem Gerichtshause: „Verbrennet sie, auf den Scheiterhaufen mit ihr!" Das Gericht sprach jedoch die Angeklagte frei.

In Oesterreich kommen die Hexenprozesse im 15. und 16. Jahrhundert nur vereinzelt vor. So ist aus dem Jahre 1498 nur ein Fall als sicher bekannt, in dem die angebliche Hexe zum Tode durch das Schwert verurteilt wurde. Der Wiener Scharfrichter weigerte sich jedoch, die Hinrichtung vorzunehmen, und man mußte den Scharfrichter aus Krems kommen lassen. Diesem ließ man nach der Hinrichtung das Schwert neu fassen und zurichten.

In den Jahren 1601 und 1603 waren zwei arme Weiber im Kriminalhause in der Himmelpfortgasse zu Wien in Haft. Eine von diesen angeblichen Hexen machte ihrem Leben freiwillig ein Ende; sie stürzte sich in den Brunnen des Gefängnisses. Die andere Frau unterlag den Qualen auf der Folter. Ihre Leiche wurde auf die Gänseweide am Erdberge geschleift und dort verbrannt. Die Leiche der Selbstmörderin wurde dagegen in ein Faß gesteckt und in die Donau geworfen.

Ein eigenartiger Hexenprozeß trug sich im Jahre 1717 zu Salzburg zu. Die Veranlassung war folgende: In den Jahren 1715—1717 wurden im Gerichte Moosham sehr viele Rinder, Füllen, Schafe, Ziegen, Schweine, Hirsche und anderes Wild auf der Weide und in Wäldern von Wölfen zerrissen. Man stellte wiederholt Jagd auf die Wölfe an, aber ohne Erfolg. Nun erklärte ein in Moosham in Gefangenschaft sitzender Mann, der Bäckerlippl, daß ihn der verstorbene Betteltoni mit einer schwarzen Salbe bestrichen habe, wodurch er sofort in einen Wolf verwandelt worden sei. Als solcher habe er mit Ruepp Gell, auch Perger genannt, und andern, die ebenfalls zu Wölfen geworden, zu verschiedenen Malen Vieh zerrissen. Auf diese Angaben hin wurden die Angeschuldigten gefänglich eingezogen und nach Salzburg gebracht. Perger leugnete zunächst alles. Als man ihn aber auf die Folterbank brachte und ihn dort, die Füße mit einem Steine von 25 Pfund beschwert, an einem Seile aufzog, gestand er, daß er sowohl wie seine Mitschuldigen sich mit einer schwarzen Salbe bestrichen hätte, hierauf wären sie in Wölfe verwandelt worden. Diese Salbe habe ihm der Teufel gegeben mit den Worten: „Was sollt ihr Hunger leiden? Hier habt ihr Salben, daß ihr zu Wölfen werdet und euch satt fresset, so oft und wie ihr wollet." Darauf habe er sich dem Teufel mit Leib und Seele verschrieben.

In einem späteren Verhöre nahm Perger diese Aussagen wieder zurück, weil sie ihm nur durch die Qualen der Folter ausgepreßt worden seien. Flugs nahm ihn der Henker wieder und spannte ihn von neuem auf die Folter. Eine halbe Stunde lang ertrug Perger die Qualen, dann war er mürbe und sagte wieder aus, was man von ihm verlangte. Die Richter verurteilten ihn darauf zum Feuertode, der Erzbischof von Salzburg hob jedoch dieses Urteil auf und veranlaßte, daß Perger und seine Kameraden, denen man durch die Folter dasselbe Geständnis ausgepreßt hatte, in religiösen Dingen besser unterwiesen und eine Zeitlang des Landes verwiesen wurden.

Im Herzogtum Steiermark fanden gegen Ende des 17. Jahrhunderts eine Anzahl von Hexenprozessen statt. „Dies Jahr 1688, im Monat Juni, haben sie (die Hexen) einen so großen Schauer heruntergeworfen, daß deren etliche Steine fünf Pfund schwer gewogen, und hat man unweit der Hauptstadt Gräz gewisse große Vögel wahrgenommen, welche in der Höhe vor diesem grausamen Schauerwetter geflogen und selbiges hin und her geführt . . ."

Durch die edle Kaiserin Maria Theresia wurde dem Unfuge des Hexenwahnes in den österreichischen Kronländern völlig ein Ende gemacht, wie Seite 60 ausführlicher gezeigt wurde.

Hexenprozesse in Süddeutschland.

Was wir jetzt Süddeutschland zu nennen pflegen — die Königreiche Bayern und Württemberg und das Großherzogtum Baden — war zur Zeit des Hexenwahnes ein Gebiet, das, in viele kleine Teile zersplissen, teils unter geistlicher, teils unter weltlicher Herrschaft stand. Der Hexenwahn blühte hier wie dort; er war eben ein Kind seiner Zeit. Es kam sehr viel darauf an, wie die Landesherren der einzelnen Gebiete diesem Wahn gegenüber standen. Wir können hier das ganze Gemälde dieses unseligen Wahnes, wie er sich in Süddeutschland breit machte, nicht entrollen, das würde einen besonderen Band füllen, sondern wir wollen nur einige Episoden herausheben.

Im August 1562 wurden in der damaligen freien Reichsstadt Eßlingen zwei Frauen, Barbara Schauer und Berta Buhl, eingezogen, weil sie im Verdachte der Hexerei standen. Ein furchtbares Unwetter hatte nämlich die Städte Eßlingen und Stuttgart 18 Meilen im Umkreise verwüstet. Die beiden genannten Personen leugneten natürlich, an diesem Unwetter schuld zu tragen. Am 25. August wurde Barbara Schauer am Vormittage viermal gefoltert, obwohl sie flehentlich bat, man möge sie ihres Alters wegen schonen, und sie sei zudem schon so gelähmt, daß sie weder essen noch trinken könne. Trotz der schrecklichen Folterqualen ließ sie nicht ab, ihre Unschuld zu beteuern. Am Nachmittage sagte man ihr, man werde mit der Folter nicht aufhören, bis sie die „Wahrheit" bekannt habe. Sie bekannte jedoch nichts und wurde abermals zweimal gefoltert. Dasselbe geschah mit der Berta Buhl. Am 1. September wurde noch eine dritte Frau, eine gewisse Luzia Zeh, wegen Verdachtes der Hexerei gefänglich eingezogen. Auf dem Wege zum Gefängnisse äußerte sie: „Warum zieht man nicht auch die reichen Weiber ein?" Sie wurde zweimal scharf gefoltert. Am 9. September wurde die Luzia Zeh wieder zweimal entsetzlich gefoltert. Diese Folterungen der drei genannten Frauen wurden ohne Erfolg wiederholt; sie blieben standhaft in der Beteurung ihrer Unschuld. Anstatt nun diese so fürchterlich mißhandelten Frauen zu entlassen, wurde der wegen seiner „Geschicklichkeit" berühmte Scharfrichter von Ehingen herbeigezogen. Obwohl dieser Henker mit den armen Frauen in aller Strenge verfuhr und auch „andere Mittel anwandte", die nicht näher beschrieben werden, konnte auch er ihnen kein Geständnis erpressen. Darauf wurden sie endlich entlassen.

Am 15. Januar 1563 wurde Barbara Wagenhaus wegen Hexerei verhaftet. Sie hatte neun Verhöre zu bestehen, wobei auch wieder die Folter fleißig in Tätigkeit kam. Man wollte von ihr besonders ihre Genossinnen erfahren. Sie bezeichnete denn auch einige, widerrief aber bald wieder ihre Aussagen als

Lügen, weil durch Martern erzwungen. Am 3. Februar wurde sie zum Feuertode verurteilt. Vor ihrem Tode widerrief sie nochmals alle ihre Aussagen. Sie habe nur geglaubt, sich dadurch vor aller Marter und vor dem Tode zu retten. — Eine von den Genossinnen, die sie genannt hatte, Barbara Schrott, wurde gefänglich eingezogen und am 19. und 22. Januar zweimal gefoltert. Sie blieb jedoch standhaft und wurde wieder entlassen. So wurden noch mehrere Frauen eingezogen, gefoltert und, da sie zu einem Geständnis ihrer Schuld nicht zu bringen waren, wieder entlassen.

Ein Schneider, mit Namen Hans Wild, ein verkommener Mensch, gibt im trunkenen Zustande an, er habe den Teufel gesehen. Er wird deshalb in Gegenwart zweier Richter, des Schultheißen und des protestantischen Pfarrers verhört. In diesem Verhör leugnete er jedoch, mit dem Teufel zu tun gehabt zu haben. Man drohte ihm mit der Folter, und diese Drohung brachte ihn zum Geständnis, den Teufel gesehen zu haben. Bald jedoch widerrief er seine Aussage, da ihm die Furcht vor der Folter das Geständnis abgepreßt habe. Als ihm jedoch von neuem zugesetzt wurde, bekannte er wiederum seine frühere Aussage und wurde darauf zum Tode durch das Schwert und Verbrennung der Leiche verurteilt.

Ein großer Hexenprozeß, in welchen eine große Anzahl von Personen verwickelt war, spielte sich in den Jahren 1652—65 ab. Dr. Pfaff leitet ihn aus den traurigen Folgen des Dreißigjährigen Krieges her. Nach ihm herrschten Unwissenheit und Aberglauben unter allen Ständen, verbunden mit größter Sittenlosigkeit und den unnatürlichen Lastern. Daraus entsprang eine ebenso große Gottlosigkeit, welche im Verein mit Aberglauben und Sittenlosigkeit die traurigsten Folgen hervorbrachte. „Nie zuvor und nachher wimmelte es überall so sehr von Unholden beiderlei Geschlechts, als gerade zu Anfang der zweiten Hälfte des 17. Jahrhunderts; nie zuvor und nachher waren die Hexenprozesse so zahlreich als damals."

Eine gewisse Berühmtheit wegen ihrer Hexenprozesse haben Bamberg und Würzburg erlangt. In Bamberg fanden die ersten Prozesse in der Zeit von 1609—1622 statt und nahmen dann bis 1633 überhand. Auch hier scheint der schreckliche Dreißigjährige Krieg auf die Hexenprozesse von unheilvollem Einflusse gewesen zu sein. Die eingezogenen Personen wurden in der Regel dreizehnmal examiniert und die peinlichen Fragen in folgender Weise vollzogen: Zuerst wurden die Angeklagten gebunden, dann wurden ihnen die Daumenschrauben angelegt. Kam noch kein Geständnis, so kamen die spanischen Stiefel in Anwendung, denen dann der Zug auf der Leiter folgte. Die letzte Marter war die Geißlung mit Ruten. Unter den eingestandenen Verbrechen sind Verkehr mit dem Teufel, Ausfahrt zu den Hexentänzen, Wettermachen und Beschädigungen an Menschen und Tieren die gewöhnlichsten. Den Verhören wohnte kein Priester bei; die Verurteilung geschah demnach nur durch weltliche Richter. Gewöhnlich wurde aber den Verurteilten der Beistand eines Priesters, der sie auf den Tod vorbereiten durfte, gestattet.

Ein sehr schwer wiegender Faktor für die Hexenrichter zur absichtlichen Heranziehung von Verdächtigen war die Habsucht. In den Katalogen der Eingezogenen ist nämlich nie vergessen worden, die Taxation ihres Vermögens zu registrieren. Zwei Drittel des Vermögens fielen in der Regel dem Fiskus zu, ein Drittel den Richtern.

Aus den Hexenprozessen der Stadt **Bamberg** wollen wir hier nur den Prozeß gegen den **Bürgermeister** Johann Junius, der zum Tode durch das Schwert und Verbrennung seiner Leiche verurteilt wurde, genauer erwähnen.

Im Jahre 1628 wurde der Bürgermeister Johann Junius der Hexerei angeklagt. Vor seinem Tode sandte er seiner Tochter noch ein rührendes Abschiedsschreiben, das uns so recht die Greuel eines Hexenprozesses schildert. Wir wollen daraus einige Bruchstücke dem Sinne nach mitteilen. In dem alten Stil liest sich das Schreiben gar beschwerlich.

„Vieltausendmal sage ich dir gute Nacht, meine herzliebe Tochter Veronika! Unschuldig bin ich in das Gefängnis gekommen, unschuldig bin ich gemartert worden, unschuldig muß ich sterben. Denn wer in das Gefängnis kommt, der muß ein Drudner (Hexenmeister) werden oder er wird so lange gemartert, bis er sich in seinem Kopfe irgend eine Hexerei, die er ausgeführt, erdacht hat. Ich will dir erzählen, wie es mir ergangen ist. Als ich zum erstenmal verhört wurde, waren Dr. Braun, Dr. Kötzendörffer und zwei fremde Doktoren da.

Da fragt mich Dr. Braun:

„Schwager, wie kommt Ihr hierher?"

„Durch Falschheit, durch Unglück," antworte ich.

„Hört," sagt Dr. Braun, „Ihr seid ein Drudner. Wollt Ihr nicht freiwillig gestehen, so wird man Euch den Henker an die Seite stellen."

„Ich bin kein Drudner," entgegnete ich. „Ich habe in der Sache ein reines Gewissen. Wenn auch tausend Zeugen gegen mich auftreten, so bin ich deswegen nicht besorgt; doch möchte ich die Zeugen hören."

Darauf wurde mir des Kanzlers Sohn, Dr. Haan, vorgestellt. Ich fragte ihn:

In der Folterkammer.

„Herr Doktor, was wißt Ihr von mir? Ich habe in meinem Leben mit Euch nichts zu schaffen gehabt, weder im Guten noch im Bösen."

(Dr. Haan machte hierauf seine Aussagen. Der gefangene Bürgermeister bat, man möge den Zeugen vereidigen. Doch die Richter kümmerten sich nicht um die Wünsche des Angeklagten. Außer des Kanzlers Sohn gaben auch dessen Vater, der Kanzler selbst, und eine gewisse Hopfen Elß Zeugnis gegen Junius; sie wollten ihn bei einer Hexenversammlung gesehen haben.)

Der Bürgermeister sagte:

„Was ist das für ein albernes Zeug, was Ihr da aussagt! Wenn das so geht, so seid Ihr gerade so wenig sicher wie ich und ein anderer ehrlicher Mann."

Danach hat man mich erst aufgezogen, die Hände auf den Rücken gebunden und mich auf die Folter gezogen. Da dachte ich, Himmel und Erde gingen unter. Sie haben mich achtmal aufgezogen und wieder fallen lassen, daß ich unsagbare Schmerzen empfand.

„Gott verzeihe Euch, daß Ihr einen ehrlichen Mann also unschuldig angreift! Ihr wollt ihn nicht nur um Leib und Seele, sondern auch um Hab und Gut bringen."

„Ihr seid ein Schelm (Taugenichts)," erwiderte Dr. Braun.

„Ich bin kein Schelm," antwortete ich. „Ich bin so ehrlich, wie auch Ihr seid. Da es aber einmal so zugeht, so ist kein ehrlicher Mann in Bamberg sicher, Ihr so wenig wie ein anderer."

„Ich bin nicht vom Teufel angefochten," sagte Dr. Braun.

„Ich auch nicht," lautete meine Antwort. „Aber Eure falschen Zeugen, das sind die Teufel und

Eure scharfe Marter. Ihr lasset keinen wieder frei, und wenn er auch alle Martern aussteht."

Es war am Freitag den 30. Juni, an dem ich diese Martern ausstehen mußte. Ich habe mich die ganze Zeit nicht anziehen und die Hände nicht mehr gebrauchen können ohne die andern Schmerzen, die ich unschuldig leiden muß.

Als mich der Henker ins Gefängnis zurückbrachte, sagte er zu mir: „Herr, ich bitte Euch um Gottes willen, bekennt etwas, mag es wahr sein oder nicht. Erdenkt Euch etwas; Ihr könnt die Marter nicht ausstehen, die man Euch antut. Und wenn Ihr sie wirklich alle ausstehet, so kommt Ihr doch nicht wieder hinaus und wenn Ihr auch ein Graf wäret. Man martert Euch solange, bis Ihr saget, Ihr wärt ein Truttner."

(Diese Aussage des Henkers ist für die Hexenprozesse und deren entsetzlichen Greuel sehr bezeichnend. Der Henker sprach jedenfalls aus Erfahrung.)

Ich bat, mir den Pater Prior aus dem Predigerkloster zu senden, habe ihn aber nicht erhalten.

Darauf habe ich dann dieses ausgesagt, aber alles ist erlogen. Die Marter hat mich dazu gezwungen; ich konnte sie nicht mehr aushalten. Ich habe ausgesagt:

Ich ging auf meinem Felde bei dem Friedrichsbrunnen ganz bekümmert umher und setzte mich da nieder. Da kam ein Mädchen zu mir und fragte mich, weshalb ich so bekümmert sei. Ich sagte darauf, ich wüßte es nicht. Da hat sie sich in einen Ziegenbock verwandelt und zu mir gesagt: „Jetzt siehst du, wer ich bin und mit wem du zu tun hast." Der Bock griff mich an der Kehle und sagte: „Jetzt mußt du mein sein oder ich bringe dich um." Da habe ich gesagt: „Davor behüte mich Gott!" Da ist das Mädchen verschwunden, und es kehrte bald in Gesellschaft von fünf Personen wieder zurück. Sie forderten mich auf, Gott zu verleugnen. Ich sagte, ich hätte dieses auch getan, und die Gesellschaft hätte mich darauf getauft. Sie hätten mir auch einen Dukaten gegeben, es wäre aber ein Scherben gewesen.

Nun vermeinte ich, genug gesagt zu haben. Da stellte man mir aber den Henker zur Seite. Ich sagte, der Kanzler und sein Sohn und die Hopfen Elß wären auch bei den Hexentänzen gewesen . . . Der Böse hätte mir allerlei Böses zu tun befohlen, und da ich nicht wollte, hätte er mich geschlagen. Ich hätte meine Kinder umbringen sollen; ich hätte aber ein Pferd dafür umgebracht. Es war alles noch nicht genug. Ich sagte daher weiter, ich hätte eine Hostie genommen und eingegraben. Da haben sie mich in Frieden gelassen.

Nun, mein liebes Kind, hast du meine Aussage, derentwegen ich sterben muß. Es ist aber alles Lüge und erdichtete Sache, so wahr mir Gott helfe. Ich habe es alles nur aus Furcht vor der angedrohten Marter und der zuvor schon ausgestandenen ausgesagt. Denn sie lassen mit der Marter nicht nach, bis man etwas aussagt; er mag so fromm sein, wie er wolle, er muß ein Hexenmeister sein. Kommt auch keiner wieder heraus, und wenn er auch ein Graf wäre. Wenn Gott kein Mittel schickt, daß die Sache recht an den Tag kommt, so wird die ganze Schwägerschaft verbrannt."

(Der Bürgermeister bittet sodann seine Tochter, die Stadt eine Zeitlang zu verlassen, bis man sieht, worauf die Sache eigentlich hinausläuft.)

„Liebes Kind, halte dieses Schreiben verborgen, daß es nicht unter die Leute kommt, sonst werde ich deswegen gemartert, daß es zum Erbarmen ist, und die Henker werden geköpft. Also hoch ist es verboten." „Gute Nacht! Dein Vater Johannes Junius sieht dich nimmermehr. 24. Juli 1628."

Auf dem Rande des Briefes steht:

„Liebes Kind, sechs haben auf einmal gegen mich gezeugt: der Kanzler, sein Sohn, Neudecker, Zaner, Hoffmaisters Ursel und Hopfen Elß, alle falsch, aus Zwang, wie sie mir gesagt haben, und sie haben mich vor ihrer Hinrichtung um Verzeihung gebeten. Sie wissen nichts als Gutes von mir. Sie hätten aber so sagen müssen. Ich kann keinen Priester haben. Darum sieh' dich wohl vor, was ich dir geschrieben habe; nimm das Schreiben wohl in acht." —

Die Zahl der in Bamberg dem Hexenwahne verfallenen Opfer wird auf 900 angegeben. Es läßt sich aber schwerlich nachweisen, ob eine so große Zahl dem Henker verfallen ist. Möglich ist es, daß die Zahl 900 in betreff der Eingekerkerten nicht zu hoch gegriffen ist. Doch wurden nicht alle verurteilt; eine große Zahl wurde wieder auf freien Fuß gesetzt.

Aus Würzburg wird von einem Hexenprozesse im Jahre 1600 berichtet, der mit einem Todesurteile endete. Zur größten Blüte gelangte auch hier der Hexenwahn zur Zeit des Dreißigjährigen Krieges. Auffallend ist es, daß hier so viele Kinder in die Prozesse verwickelt sind.

1626 wurden am 29. Dezember acht Personen zum Tode verurteilt. Im Jahre 1627 wurde ein Vater hingerichtet, welcher nebst seiner Frau und seinen zwei Töchtern durch seinen eigenen Sohn der Zauberei angeklagt worden war. Dieser Junge sollte mittelst eines Pulvers Leute blind und lahm gemacht haben. Er bekannte, Gott abgeschworen und die Teufelstaufe empfangen zu haben; auch habe er Flöhe gemacht. Der Vater bekannte auf der Folter alles.

Als Ursache der Zauberei gab er seine große Armut an. Bei den Hexentänzen hätte seine Frau als Leuchter gedient.

Der Burgvogt zu Dundorf, ebenfalls der Hexerei angeklagt, wurde 1628 freigesprochen und erhielt seine frühere Stellung wieder. Eine im selben Jahre eingezogene Anna Weimann sagt im Verhöre: „Ich habe in meiner Jugend nicht getanzt, um wievielweniger in meinen alten Tagen.“ Sie wird wieder entlassen. Eine Margareta mit „bösem Halse“ wird verhört, weil sie von vier Kindern angezeigt worden ist. Sie leugnet aber und wird des Landes verwiesen.

1628 wurde auch der Schulknabe Schuck verhört. Er leugnet und erhält 46 Rutenstreiche. Da er hierauf noch nicht bekennt, setzt man nochmals 77 Streiche hinzu. Jetzt macht er ein umfassendes Geständnis, in dem vorzüglich sein sittenloser Lebenswandel ein abschreckendes Bild bietet. Am 9. November soll er hingerichtet und verbrannt werden. Er getraut sich noch ein „Engel“ zu werden. — Ein anderes Mal wird ein Junge von zwölf Jahren, der Hexerei angeklagt, verhört. Nach wiederholten Rutenstreichen bekannte auch er, an den Hexenfahrten teilgenommen zu haben; er habe auch viele gesehen, welche als Leuchter gedient hätten. Er gibt mehrere Mitschuldige an, darunter auch Geistliche.

Ein Angeklagter, Hans Merklein von Zellingen, gibt im Verhör an, vom Teufel ein Sprüchlein gelernt zu haben. Es lautet: „Lirum, larum Besenstiel, alte Weiber essen viel.“ Der Teufel, der ihn dieses lehrte, hatte Hühnerfüße und habe ihm versprochen, ihm nach acht Tagen eine Bütte voll Geld zu bringen. Er sei aber inzwischen ins Gefängnis gekommen; hier sei ihm der Teufel wieder erschienen, habe ihn aber mit Schlägen bedroht. Dem Anschein nach hatte man es hier wie in so manchen andern Fällen mit einem Irrsinnigen zu tun.

Im Jahre 1628 wurde auch der fürstliche Rat Dr. Burkhardt aufgefordert, sich dem Gerichte zu stellen, da er der Zauberei angeklagt sei. Der Rat, der jedenfalls das Gerichtsverfahren zur Genüge kannte, hatte sich jedoch dem Gerichte durch die Flucht entzogen.

In demselben Jahre wurden zehn Schulkinder zwischen acht und dreizehn Jahren als der Hexerei verdächtig verhört. Zwei von ihnen wurden wegen ihres schlechten Lebenswandels zum Tode verurteilt: Sybilla Lutzin, elf Jahre alt, und Anna Rauschin, zwölf Jahre alt.

Der letzte Hexenprozeß in Würzburg war wohl im Jahre 1749. Dieser spielte gegen die Ordensfrau Maria Renata von Niederzell und endete mit deren Hinrichtung. Renata starb ruhig und ergeben mit der Bitte um das Gebet für ihre arme Seele.

Ein bewunderungswertes Beispiel von Standhaftigkeit zeigt uns die Frau des Gastwirts zur Krone in Nördlingen, Maria Holl. Im Jahre 1593 wurde sie auf Grund der Angaben einer Gefolterten ins Gefängnis geworfen und alsbald zur Folterbank geführt. Standhaft ertrug sie alle Torturen, ohne sich ein Schuldbekenntnis abringen zu lassen. Schließlich griff der Rat noch zur geistigen Folterung. Er spiegelte ihr vor, ihre Angehörigen seien von ihrer Schuld überzeugt, ja sogar ihr eigener Mann, der Wirt zur Krone. Auch diese Seelenqual ertrug diese Frau heldenmütig, ohne eine Lüge zu sagen. Sechsundfünfzigmal soll diese arme Frau mit der ausgesuchtesten Grausamkeit gefoltert worden sein. Ein Geständnis legte sie jedoch nicht ab. Jetzt kamen die Hexenrichter in gewaltige Verlegenheit. Ohne Geständnis durften sie die Frau nicht verurteilen, und sie hatten alle ihre teuflischen

Grausamkeiten an ihr ohne Erfolg versucht. Da bot sich ihnen ein Ausweg. Die Verwandten der Maria Holl legten sich energisch für die Arme ins Mittel, und es gelang ihnen mit vieler Mühe, endlich die Freilassung zu erwirken. Sie durfte jedoch das Haus nicht verlassen, und in diesem Hausarreste fand der Rat den Ausweg, um sich aus der Sache, die ihm verhängnisvoll werden konnte, herauszuwinden.

Maria Holl war wohl die einzige, die in Nördlingen so glimpflich davon kam. Von 1590—1594 wurden hier nämlich 35 Frauen als Hexen verbrannt. Die Haupttreiber in diesen Hexenprozessen waren ein gewisser Röttinger und ein gewisser Graf. Beide starben plötzlich in einem Jahre — vor Gottes Gericht gerufen, wie man in Nördlingen allgemein sagte.

In der damaligen Freien Reichsstadt Schweinfurt hielten die Hexenprozesse auch mit dem Dreißigjährigen Kriege ihren Einzug und dauerten etwa hundert Jahre. Der erste Prozeß spielte gegen eine gewisse Anna Gröbin im Jahre 1627. Ihr Nachbar, der Metzgermeister Schumm, strengte die Klage gegen sie an: sie habe ihn mit Schimpf- und Scheltworten bestialisch angegriffen; sein Kind habe sie vor die Stadt mitgenommen und vom Friedhofe einen Totenschädel entwendet. Die Gröbin gibt an, der Totenkopf sei ihr von einer Nachbarin geschenkt worden, weil er gut sei gegen die Schwindsucht; ihre kranke Tochter solle daraus trinken. Die Angeklagte beschwert sich im Verhör gegen den Metzger, daß er sie öffentlich „Hexe" genannt und ihr „Totenkopf" zugerufen habe. Die Gassenjungen hätten ihr darauf im Chor nachgerufen: „Totenkopf, Totenkopf! Hex, Hex!" Der Rat von Schweinfurt wendet sich hierauf an die juristische Fakultät in Altdorf mit der Anfrage, ob diese Beweise genügend seien. Diese Fakultät verneinte die Anfrage, die Beweise seien nicht hinreichend; die Frau sei aber genau zu beobachten.

Im Jahre 1629 war eine Witwe Agatha Pollmann der Zauberei angeklagt. Sie wurde gefoltert, gestand aber nichts. Wegen dieses Prozesses richtet der Bürger Georg Lill eine energische Beschwerdeschrift an Bürgermeister und Rat der Freien Stadt Schweinfurt. Er klagt darin über unqualifizierte Kommissarien, welche die Pollmann verschiedene Male ohne gegründete rechtmäßige Ursachen durch vielfältige, abwechselnde Torturen mit unmenschlicher Grausamkeit hatten peinigen lassen, daß sie ganz um ihre Gesundheit gekommen und ihr Leben lang ein armseliges Menschenkind sein müßte. — Witwe Pollmann wurde entlassen.

Im Jahre 1640 wurden zwei Knaben im Alter von 11 und 14 Jahren der Zauberei angeklagt, Georg Kuhn und Hans Reinhard. Georg Kuhn erzählt folgende Geschichte: „Vor vier Jahren ging ich mit meinem Vater spazieren, da kam ein Hase, der so groß war wie ein Fuchs und sagte zu dem Vater, er solle viele Hasen fangen, sonst haue er ihm den Kopf ab. Der Vater erschrak und schwieg. Später begegnete mir der Hase wieder, steckte mir den Kopf ins Wasser und sagte mir, ich solle viele Vögel fangen. Der Hase hatte einen schwarzen Kopf, einen grauen Rücken, ein viereckiges Maul und eine rötliche Nase." Über einen andern Hokuspokus berichtete der Knabe weiter: Vor zwei Jahren stieg ich auf einen Birnbaum. Da kam ein schwarzer und weißer Vogel und pickte mich auf Stirn, Nase und Kopf, bis Blut floß. Darauf brach der Vogel ein Hölzchen vom Baume und sagte mir, ich solle damit meinen Namen auf ein Blatt Papier schreiben, sonst würde ich nicht wieder lebendig vom Baume herunterkommen. Ich tat es, und der Vogel flog mit dem Blatte davon . . . Ein andermal kam 12 Uhr nachts ein Betteljunge vor unser Haus, weckte mich und nahm mich und den Reinhard (den zweiten Angeklagten, einen Jungen von elf Jahren) mit zum Obertor. Dort waren vier Katzen und ein Bock an eine Kutsche gespannt. Wir stiegen ein und fuhren über die Schanze hinaus über die Wiesen bis zum Sand. Der Betteljunge lud Holz auf, dann fuhren wir zurück. Büttners Hänslein hat mir die Tür aufgemacht."

Der kleine Reinhard erzählt auf Befragen: Kuhn habe ihn gelehrt, wenn er auf den Baum steigen wolle, so müsse er sagen: „Vöglein, Vöglein hol' mich" und er müsse ein Kreuzlein unter den Baum legen, so könne er hinauf, wie er wolle . . .

Diese unsinnigen Aussagen wurden von dem hohen Rate aufs sorgfältigste erwogen und auf ihre Wahrheit untersucht.

Ein ähnliches unsinniges Gewäsch sagten 1665 in Schweinfurt gegen eine der Hexerei verdächtigte Person, die Wartfrau Margareta Rumelin, aus. Die Frau versichert bei dem jüngsten Gerichte ihre Unschuld. Es hilft nicht, sie erleidet den ersten Grad der Folter. Der Prozeß zog sich dann noch sehr in die Länge.

Gleichzeitig liefen noch mehrere andere Hexenprozesse, so gegen drei Knaben von neun, zehn und elf Jahren. Sie können weder ordentlich beten noch die zehn Gebote sagen. Ferner ist eine Untersuchung gegen den Kuh- und Schweinehirten. Letzterer ist krank und sieht nachts Gestalten, die ihm den Tod verkünden. Dr. Schmidt erklärte, das sei keine natürliche Krankheit; dasselbe behauptete auch der Feldscher, der ihm zur Ader gelassen hatte. Der Schweinehirt hat die Frau des Oberhirten im Verdachte, ihn verhext zu haben. Er läßt sie kommen. zahlt ihr einen Reichstaler und bittet sie um Hilfe. Darauf tritt Besserung bei ihm ein. Aber die Frau hat beim Weggehen den Stall betreten, und beim Verlassen ist eine Ziege erkrankt und in derselben Nacht verendet. Die Sauhirtin erklärt darauf, ihrem Manne habe die Oberhirtin geholfen, aber die Ziege dafür getötet.

Am 21. März wurden auch sechs Knaben im Alter von fünf bis dreizehn Jahren verhört. Sie sagen aus, der „Weißkopf" habe sie das schwarze Vaterunser beten lehren wollen ... So oft man das schwarze Vaterunser bete, finde man einen Taler.

Über die Hexenprozesse in Freudenberg in Schwaben geben die Akten umfangreiche Nachrichten. Der Anfang dieser Prozesse fällt in die Zeit von 1590 bis 1593, also vor die Zeit des Dreißigjährigen Krieges. Acht Personen waren der Zauberei bezichtigt; Jakob Walz; Regina, Michel Ochsen Weib; Anna, Michel Kerns Weib; Margareta, Hansen Zihns Tochter; Barbara, Hansen Zihns Hausfrau; die alte Lorentia oder Mathoffen im Haag; Anna, Walters Frau, und Andreas Burk von Klingenberg. Alle Angeklagten haben gütlich und peinlich ausgesagt, mit Ausnahme von Barbara Zihn, welche nur in Güte bekannte. Die acht Personen sind am 23. Oktober 1591 hingerichtet worden. Auf ihre Aussagen wollen wir nicht weiter eingehen, da sie nichts Besonderes bieten.

Dagegen wollen wir einen Prozeß aus der Grafschaft Löwenstein-Wertheim nach den Prozeßakten, wie sie Diefenbach mitteilt, unter einem besonderen Kapitel folgen lassen, da die Schreibweise wohl eigenartig, aber doch allgemein verständlich ist. Zunächst möge jedoch ein Verzeichnis der Hexenbrände folgen, wie es Soldan aus Würzburg mitteilt.

Verzeichnis von Hexenbränden.

Von Würzburg ist noch ein Verzeichnis von Hexenbränden erhalten, das vom Jahre 1627 bis zum Anfange von 1629 reicht. Es lautet folgendermaßen:

Verzeichnis der Hexen-Leute, so zu Würzburg mit dem Schwert gerichtet und hernacher verbrannt worden.

Im ersten Brande vier Personen.

Die Lieblerin.
Die alte Anckers-Witwe.
Die Gutbrodtin.
Die dicke Höckerin.

Im andern Brande vier Personen.

Die alte Beutlerin.
Zwei fremde Weiber.
Die alte Schenckin.

Im dritten Brande fünf Personen.

Der Tungersleber, ein Spielmann.
Die Kulerin.
Die Stierin, eine Prokuratorin.
Die Bürstenbinderin.
Die Goldschmidtin.

Im vierten Brande fünf Personen.

Die Siegmund Glaserin, eine Burgermeisterin.
Die Brückmannin.
Die Schickelte Amfrau (Hebamme). NB. Von der kommt das ganze Unwesen her.
Die alte Rumin.
Ein fremder Mann.

Im fünften Brande acht Personen.

Der Lutz, ein vornehmer Kramer.
Der Rutscher, ein Kramer.
Des Herrn Domprobst Vögtin.
Des Jo. Steinbachs Vögtin.
Die alte Hof-Seilerin.
Die Baumachin, eines Ratsherrn Frau.
Die Zinckel Babel.
Ein alt Weib.

Im sechsten Brande sechs Personen.

Der Rat-Vogt, Gering genannt.
Die alte Kanzlerin.
Die dicke Schneiderin.
Des Herrn Mengendörfers Köchin.
Ein fremder Mann.
Ein fremd Weib.

Im siebenten Brande sieben Personen.

Ein fremd Mägdlein von zwölf Jahren.
Ein fremder Mann.
Ein fremd Weib.
Ein fremder Schultheiß.
Drei fremde Weiber.

NB. Damals ist ein Wächter, so teils Herren ausgelassen, auf dem Markt gerichtet worden.

Im achten Brande sieben Personen.

Der Baunach, ein Ratsherr und der dickste Bürger in Würzburg.
Des Herrn Domprobst Vogt.
Ein fremder Mann.
Der Schleipner.
Die Visirerin.
Zwei fremde Weiber.

Im neunten Brande fünf Personen.

Der Wagner Wunth.
Ein fremder Mann.
Der Bentzen Tochter.
Die Bentzin selbst.
Die Eyeringin.

Im zehnten Brande drei Personen.

Der Steinacher, ein gar reicher Mann.
Ein fremd Weib.
Ein fremder Mann.

Im elften Brande vier Personen.

Der Schwerdt, Vikarius am Dom.
Die Vögtin von Rensacker.
Die Stiecherin.
Der Silberhans, ein Spielmann.

Im zwölften Brande zwei Personen.

Zwei fremde Weiber.

Im dreizehnten Brande vier Personen.

Der alte Hofschmied.
Ein alt Weib.
Ein klein Mägdlein von neun oder zehn Jahren.
Ein geringeres, ihr Schwesterlein.

Im vierzehnten Brande zwei Personen.

Der erstgemeldeten zwei Mägdlein Mutter.
Der Lieblerin Tochter von vierundzwanzig Jahren.

Im fünfzehnten Brande zwei Personen.

Ein Knabe von zwölf Jahren, in der ersten Schule.
Eine Metzgerin.

Im sechzehnten Brande sechs Personen.

Ein Edelknabe von Ratzenstein ist morgens um 6 Uhr auf dem Kanzleihof gerichtet worden und den ganzen Tag auf der Bahr stehen geblieben, dann hernacher den andern Tag mit den hierbeigeschriebenen verbrannt worden.

Ein Knabe von zehn Jahren.

Des obengedachten Ratsvogt zwei Töchter und seine Magd.

Die dicke Seilerin.

Im siebzehnten Brande vier Personen.

Der Wirt zum Baumgarten.

Ein Knabe von zwölf Jahren.

Eine Apothekerin zum Hirsch und ihre Tochter.

NB. Eine Harfnerin hat sich selbst erhängt.

Im achtzehnten Brande sechs Personen.

Der Batsch, ein Rotgerber.

Ein Knabe von zwölf Jahren.

Noch ein Knabe von zwölf Jahren.

Des D. Jungen Tochter.

Ein Mägdlein von fünfzehn Jahren.

Ein fremd Weib.

Im neunzehnten Brande sechs Personen.

Ein Edelknabe von Rotenhan ist um 6 Uhr auf dem Kanzleihof gerichtet und den andern Tag verbrannt worden.

Die Sekretärin Schellharin.

Noch ein Weib.

Ein Knabe von zehn Jahren.

Noch ein Knabe von zwölf Jahren.

Die Brüglerin, eine Beckin, ist lebendig verbrannt worden.

Hexenverbrennung.

Im zwanzigsten Brande sechs Personen.

Das Göbel Babelin, die schönste Jungfrau in Würzburg.

Ein Student in der fünften Schule, so viel Sprachen gekonnt und ein vortrefflicher Musikus vokaliter und instrumentaliter.

Zwei Knaben aus dem neuen Münster von zwölf Jahren.

Der Steppels Babel Tochter.

Die Hüterin auf der Brücken.

Im einundzwanzigsten Brande sechs Personen.

Der Spitalmeister im Dietricher Spital, ein sehr gelehrter Mann.

Der Stoffel Holtzmann.

Ein Knabe von vierzehn Jahren.

Des Stolzenbergers Ratsherrn Söhnlein.

Zwei Alumni.

Im zweiundzwanzigsten Brande sechs Personen.

Der Stürmer, ein reicher Büttner.

Ein fremder Knabe.

Des Stolzenbergers Ratsherrn große Tochter.

Die Stolzenbergerin selbst.

Die Wäscherin im neuen Bau.

Ein fremd Weib.

Im dreiundzwanzigsten Brande neun Personen.

Des David Croten Knabe von zwölf Jahren, in der andern Schule.

Des Fürsten Kochs zwei Söhnlein, einer von vierzehn Jahren, der andere von zehn Jahren, aus der ersten Schule.

Der Melchior Hammelmann, Vikarius zu Hach.

Der Nikodemus Hirsch, Chorherr im neuen Münster.

Der Christophorus Berger, Vikarius im neuen Münster.

Ein Alumnus.

NB. Der Vogt im Brennerbacher Hof und ein Alumnus sind lebendig verbrannt worden.

Im vierundzwanzigsten Brande sieben Personen.

Zwei Knaben im Spital.
Ein reicher Bütner.
Der Lorenz Stäber, Vikarius im neuen Münster.
Der Betz, Vikarius im neuen Münster.
Der Lorenz Roth, Vikarius im neuen Münster.
Die Roßleins Martin.

Im fünfundzwanzigsten Brande sechs Personen.

Der Friedrich Basser, Vikarius im Domstift.
Der Stab, Vikarius zu Hach.
Der Lambrecht, Chorherr im neuen Münster.
Des Gallus Hausen Weib.
Ein fremder Knabe.
Die Schelmerey Krämerin.

Im sechsundzwanzigsten Brande sieben Personen.

Der David Hans, Chorherr im neuen Münster.
Der Weydenbusch, ein Ratsherr.
Die Wirtin zum Baumgarten.
Ein alt Weib.

Des Valkenbergers Töchterlein ist heimlich gerichtet und mit der Lade verbrannt worden.

Des Ratsvogt klein Söhnlein.

Der Herr Wagner, Vikarius im Domstift, ist lebendig verbrannt worden.

Im siebenundzwanzigsten Brande sieben Personen.

Ein Metzger, Kilian Hans genannt.
Der Hüter auf der Brücke.

Ein fremder Knabe.
Ein fremd Weib.
Der Hafnerin Sohn, Vikarius zu Hach.
Der Michel Wagner, Vikarius zu Hach.
Der Knor, Vikarius zu Hach.

Im achtundzwanzigsten Brande, nach Lichtmeß Anno 1629, sechs Personen.

Die Knertzin, eine Metzgerin.
Der d. Schützen Babel.
Ein blind Mägdlein.
Der Schwertz, Chorherr zu Hach.
Der Esting, Vikarius.
Der Bernhard Mark, Vikarius am Domstift, ist lebendig verbrannt worden.

Im neunundzwanzigsten Brande sieben Personen.

Der Viertel Beck.
Der Klingen Wirt.
Der Vogt zu Mergelsheim.
Die Beckin bei dem Ochsentor.
Die dicke Edelfrau.
NB. Ein geistlicher Doktor, Meyer genannt, zu Hach, und ein Chorherr sind früh um 5 Uhr gerichtet und mit der Bahre verbrannt worden.
Ein guter vom Adel, Junker Fleischbaum genannt.
Ein Chorherr zum Hach ist auch mit dem Doktor eben um die Stunde heimlich gerichtet und mit der Bahre verbrannt worden.
Paulus Vaeker zum Breiten Huet.
Seithero sind noch zwei Brände getan worden.
Datum, den 16. Februar 1629.

Dieses Verzeichnis zeigt uns, daß es eine gänzlich falsche Ansicht ist, wenn man glaubt, es wären vorzüglich alte Frauen gewesen, die dem Hexenwahne zum Opfer fielen. Es zeigt uns vielmehr, daß kein Geschlecht, kein Alter, kein Stand vor dem Feuertode sicherte, wie früher schon gesagt wurde.

Das Verzeichnis weist in den letzten Bränden außergewöhnlich viele katholische Priester auf, und wir können uns dieses nur dadurch erklären, daß diese Herren starkmütig genug waren, in Wort und Tat gegen den blinden Hexenwahn aufzutreten und die unschuldig gemarterten und gerichteten Personen in Schutz zu nehmen. So wurden sie selbst ein Opfer der blinden Volkswut und ein Opfer ihres Berufes. Ehre daher ihrem Andenken!

Prozeß gegen die Eheleute Hotz von Wertheim.

Am 1. Oktober 1642 stand der alte 71jährige Kettenwirt Hans Hotz von Wertheim zum erstenmal vor seinen Richtern. Nachdem nun Hotzen ernstlich zugesprochen und erinnert worden, freiwillig zu bekennen und die angebotene Gnade von Gnädiger Herrschaft anzunehmen und ihm außer dem Protokoll genugsam demonstriert worden, daß er mit diesem Laster behaftet sei, hat er sich hierauf vielfältig verantwortet und mit der heiligen Dreifaltigkeit beteuert, daß er des Lasters (der Zauberei) frei sei. Citierte auch alle diejenigen vor Gottes Richterstuhl, welche ihm Gewalt antun, damit sie nach seinem tödlichen Hintritte daselbst Rechenschaft tun. Item, so er mit diesem Laster behaftet, wünschte und wollte er, daß der Teufel zugegen wär und wider ihn zeugte.

Fr. Wie alt er sei?

R. 71 Jahre.

Fr. Wo geboren?

R. Zu Mosti.

Fr. Wie lange er daselbst gewest?

R. Er wisse es nicht. Er sei noch jung gewesen, als er eben schon ein wenig lesen konnte. Danach sei er mit seinem Vater nach Creutzwertheim kommen. Als aber nachfolgends sein Vater nach Neubrunn gezogen, sei er, Kettenwirt, nach Nürnberg in die deutsche Schule, von dannen nach Wissenburg kommen, allda er bei einem Wirt gedient. Letzlich sei er wieder hierher zu seinem Vater, der selbigmal auf der Wirtschaft gewohnt, kommen.

Fr. Wie lange, daß sein Vater gestorben?

R. Anno 1596, und er sei nach dessen Tod bei der Mutter blieben, bis er sich Anno 1601 verheiratet mit dieser jetzigen Frau.

Fr. Wie er denn zu diesem Laster gekommen?

R. Von diesem Laster wisse er nichts, da er von Jugend auf bis Dato so verständig gewesen und so viel gelesen in der Heiligen Schrift, daß er dem Teufel habe Widerstand tun können. Und wenn ihrer hundert daständen und wider ihn zeugeten, so wäre es doch gelogen; denn solche Leut Teufels-Leut seien, und der Teufel ein Vater der Lüge sei, von dem sie solches gelernt; aber auch von ihm verblendet worden, so daß sie einen Frommen, in dessen Gestalt der Teufel selbst auf der Zusammenkunft erscheint, angeben und vermeinen, es sei wahrhaftig dieser oder jener. Denn der Teufel sich ja in einen Engel des Lichtes verstellen könne, wie viel mehr in einen gemeinen Mann? Weiß also die Schrift, darin er wohl belesen, zu seinem Vorteil meisterlich zu allegieren. Nach diesem gütlichen Examen und treuherziger Erinnerung ist ihm Bedenkzeit gegeben worden.

Ille protestiert und bittet, man soll ihn mit der Tortur verschonen und keine Gewalt anlegen. Und wenn er schon bekenne in der Tortur, so tue er wider sein Gewissen.

(Am 2. Oktober beginnt das zweite Verhör. Hotz gesteht nichts. Das 3. Verhör hat dagegen den gewünschten Erfolg.)

Fr. Erstlich, wie er zu diesem Laster gekommen?

R. Es sei einmal ein Händler zu ihm gekommen, als er schon in der Ehe gewest, der hab gesagt, er wolle ihn eine Kunst lehren, daß ihm kein Mann uff dem Feld etwas tun könne. Er soll sagen: „Gott der Vater mit dir, Gott der Sohn mit dir, Gott der Heilige Geist mit uns allen beiden, daß wir mit Frieden von einander scheiden.“ Item als er noch jung gewest, hatte ihn ein Haus- und Stallknecht eine Kunst gelehrt, wie man wissen könne, wer ein Ding gestohlen. Man soll ein Sieb machen und eine scharfe Schere hineinstecken und ihrer zwei sollen die Finger darunter halten und solchen, der im Verdacht sei, im Namen der heiligen Dreifaltigkeit beschwören, und so das Sieb herumläuft, so hab solcher die verlorne Sach gestohlen. Item habe ihn sein Vater zu Wohl einmal eine Kunst wohl zu schießen lehren wollen und gesagt, er solle ein Bissen Brot kauen und ins Rohr laden, so schieße er gewiß. Im übrigen wolle er nunmehr gern sterben, ob er schon sonsten nichts könne. Jedoch endlich sagte er, man solle es dabei bleiben lassen, was diejenigen im Protokoll auf ihn ausgesagt . . . Der Satan habe ihn im Walde getauft in seinem des Satans Namen; er habe sich ihm versprochen, sei niemand dabei gewesen . . .

Gefragt, ob er denn auch hinausgefahren?

R. Ja, einmal oder dreimal.

Fr. Wie er denn hinausgekommen?

R. Auf einem Bocke; das sei ein wenig stattlicher als auf einer Gabel oder Stecken, und halte er dafür, daß solcher Bock der Teufel sei, bisweilen sei er auch zu Fuß kommen in seinen Garten.

Fr. Wo er das erste Mal hingefahren?

R. Auf den Spitalacker, das zweite Mal auch, das dritte Mal in Dämig.

Fr. Was er für Nutzen vom bösen Feind verhofft?

R. Gold hab er verhofft, auch empfangen, sei aber wieder zu nichts worden, bisweilen sei aber etwas wenig blieben.

Fr. Woraus die Hexenschmier gemacht werde, an welchem Ort und wer dabei gewesen?

R. Sei nit dabei gewesen und nit dazu geholfen.

Fr. Was sie zu der Schmier brauchen?

R. Wisse nit, das seien Weiber-Händel.

Fr. Mit was Sachen sie dann Menschen, Vieh und Frücht verderben und beschädigen und umbringen?

R. Soviel die Frucht betrifft, habe er nit dazugeholfen.

Fr. Welche Personen vor- oder nachreisen auf den Zaubertanz?

R. Wann er hin sei kommen, sein andere schon dagewest.

Fr. Ob es gewiß sei, daß sie wachend und leibhaftig durch die Luft hinaus zu den Zusammenkünften fahren?

R. Er wisse nit anders als leiblich und zwar wachend; dann er vom Bett aufgestanden und auf dem Bock gesessen.

Fr. Ob er seine Gespielen an solchen Orten auch wahrhaft gesehen?

R. Ja, etliche auf dem innern Rad als Michel Stierlein, Heinrich Schmidt, Philipp Kaufmann und Lorenz Rothe, sei vor ungefähr 4 Jahren geschehen.

Fr. Was für ein Gelübde sie ihrem Abgotte leisten müssen?

R. Das Gelübde, das sie dem Teufel einmal getan, müssen sie respektieren und verrichten.

Fr. Zu welcher Zeit sie müssen zusammenkommen?

R. Wisse er nit, wie man sagt um Walpurgis.

Fr. Warum sie aber zusammenkommen?

R. Daß er seine Leut wolle wissen und sie nit abtrünnig werden.

Fr. An welchen Orten solche Zusammenkünfte geschehen?

R. An wüsten Orten, als im Dämig, bei den Spitaläckern und bei dem Wartturm.

Fr. Wie oft solche Zusammenkünfte im Jahr geschehen?

R. Wisse nur von einmal.

Fr. Was allweg bei solchen Zusammenkünften ihre Verrichtung sei?

R. Er wisse nit, was andere verrichtet haben; wenn er seinen Bund verantwortet, sei der Teufel zufrieden gewesen.

Fr. Wie lange sie sich pflegen aufzuhalten?

R. Ungefähr 2 Stunden.

Fr. Wann sie voneinander kommen, oder ob sie weggehen oder fahren?

R. Es gehe stillschweigend zu. Man verliere sich voneinander. Sein Bock habe sich allweg präsentiert und ihn heim für seine Kammer geführt.

Fr. Was für ein Abschied sie vom bösen Geist nehmen?

R. Keinen Abschied. Jeder gehe wieder weg, wie er gekommen.

Fr. Was der böse Feind ihm befehle zu verrichten?

R. Nichts befehle er ihm; was er aber andern befehle, das müssen sie verrichten; er aber wisse es nit, was es sei.

(Man ersieht aus all den Antworten, daß Hotz irgend eine beliebige Erwiderung gibt, wie sie ihm gerade einfällt, und daß an der ganzen Geschichte kein wahres Wort ist. Die Richter hielten sie jedoch für bare Münze. Am 7. Oktober widerruft er alle seine Aussagen. Am 14. Oktober will er ebenfalls seine Aussagen widerrufen. Als man ihm jedoch den Henker an die Seite stellt und dieser Hotz das „Wams" auszieht, um ihn zur Folter zu führen, bittet er, ihn zu schonen, er wolle alles gutwillig aussagen. Und er bestätigt dann die vorhin gemachten Angaben vom 1. Oktober. Am 14. November gibt Hotz als Genossinnen 3 Weiber an. Am 20. September 1644 widerruft er alle Aussagen gegen sich wegen Zauberei. Er habe alles aus Furcht vor der Folter ausgesagt.)

Fr. Warum er solches aus Furcht vor der Tortur getan, da er doch nicht torquiert (gefoltert) worden?

R. Er sei kein eiserner Mensch; hätte wohl gewußt, so er würde torquiert werden, daß er dann die Unwahrheit wider sich selbst reden werde, daß er aber bei solchen unwahrhaften Aussagen bleiben soll, das wäre wider sein Gewissen, welches er begehre nit zu beschweren . . .

Interessant sind noch die letzten Erpressungen, die man aus Hotz herausbrachte. Er habe des Herrn Grafen Esel Anno 1636 in seinem Stalle vergiftet, daß er verendete. Vor 15 Jahren habe er sein eigenes Schwein mit einem Pulver umgebracht; item eines Fuhrmanns Pferd. Er habe auch einen Kaufmann berauben wollen usw.

Hotz, der Kettenwirt, wurde natürlich zum Tode verurteilt.

Seine Frau, Anna Hotz, ereilte ein gleiches Schicksal. Aus den Verhören mit dieser 57jährigen Frau wollen wir auch einiges anführen. Nachdem sie eingestanden, eine Hexe zu sein und in einem nachfolgenden Verhör ihre Aussagen widerrufen hatte, wurde sie am 20. September 1644 gefragt:

Warum sie denn also bekennt, daß sie eine Hexe sei?

R. Aus Furcht vor der Marter hab sie bekannt.

Fr. Wie das sein könne, da sie doch alles so umständlich bekennt und nochmals wiederholt, daß eins mit dem andern übereingestimmt habe? Daraus müsse ja unwidersprechlich folgen, daß sie eine Hexe sei.

R. Was sie gesagt, das habe sie von andern Leuten gehört, wie es mit dem Hexen hergehe, daß ja die Kinder auf den Gassen genug davon sagen.

Fr. Ob sie sich denn erst wolle martern lassen?

R. Sie lasse sich nicht martern. Sie wolle lieber sagen, ja, sie sei eine Zauberin; man soll sie nur hinausführen und richten, aber sie wolle es den Examinatoribus in ihr Gewissen geben.

Der Prozeß der Eheleute Johann und Anna Hotz hatte noch ein eigenartiges Nachspiel. Auf einer Hochzeit hatte nämlich der Bruder der Frau Hotz gesagt, seine Schwester sei keine Hexe. Die Richter gingen mit den Leuten so grausam um, daß sie sagen müßten, sie wären Hexen. Von Bedeutung ist aus den mit ihm angestellten Verhören die Aussage, welche seine Schwester, die Frau Hotz, ihm gemacht hatte: „Man ginge also mit den Leuten um, daß sie wohl sagen müssen, sie wären Hexen. Wo der Centgraf ein halb Kopfstück zu holen wüßte, wollte er einen Menschen hinrichten lassen.“

Dokumente aus den Hexenprozessen.

Der eine oder andere Leser interessiert sich vielleicht für die alte Schreibweise, wie sie zur Zeit der Hexenprozesse üblich war. Wir wollen daher einige Dokumente aus Augsburg hier mitteilen nach dem Werke von Dr. Haas, „Hexenprozesse".

Actum Sambßtag den 18. Aprilis 1654.

Auff heutigen Tag ist der Barbarä Fröhlin und Annae Schefflerin ein Peinlicher Rechtstag gehalten, der Barbarä Fröhlin das haubt abgeschlagen, vnd Ihr Cörper zue Aschen verbrandt. Die Annae Schefflerin aber am hinaußführen zweymahl mit glüenden Zangen gerissen, hernach ihr daß haubt auch abgeschlagen vnd Ihr Cörper zue Aschen verbrandt worden, wie dann volgende Decret ergangen.

Die verhoffte Barbarä Fröhlin von Rieden solle Ihrer bekhandten Hexerei halben, vnd daß Sie der Allerheiligsten Dreyfaltigkheit, der Mutter Gotteß Mariae, vnd allen Lieben heyligen abgesagt, sich dem bösen Gaist ergeben . . . mit dem Schwerdt vom leben zum Tode hingericht, vnd der Cörper zue Aschen verbrandt werden.

Der verhofften Annae Schefflerin von Erlingen sollen Ihrer bekhandten Hexerey halben, vnd daß Sie nicht allein der Allerheiligsten Dreyfaltigkeit, der Muetter Gottes Mariä, vnd allen lieben heyligen abgesagt, selbe geschendt, geschmächt vnd gelestert . . . auch die verstorbene Mariam Pihlerin von Haußstetten durch gifft eingebung gewalthätiger weiß ermordet, vnd also selber umbs leben gebracht, mit glienden Zangen zwen griff in Ihren Leib gegeben, volgendts Sie mit dem Schwerdt vom Leben zum Tod gerichtet, vnd der Cörper zue Aschen verbrannt werden.

Actum den 15. April a⁰ 1666.

Auf heutigen tag ist Annae Schwayhoferin, allhiesig, ein Peinlicher Rechtstag gehallten, vnd Sie mit dem Schwerdt vom Leben zum Todt gerichtet, hernach auch der Todte Cörper zue Aschen verbrandt worden, wie dann volgendes Decretum ergangen.

Anna Schwayhoferin, welche sich dem bösen feindt, nachdem solcher auff drey mahliges rueffen im Mannßgestallt Ihr erschienen, ergeben . . . vnd auff sein begehren, die Hochheylige Dreyfaltigkeit, die Seeligste Muetter Gottes vnd das gantze Himmlische Heer verlaugnet . . . Nicht weniger mit hilff des bösen feindts vnd zauberischer Zuesetzung, ein Kindt umbs leben gebracht, auch sonsten ein Persohn mit solchen mitteln vbel zugerichtet, solle solcher vervbten schweren verbrechen halben, auff einen wagen gesetzt, zuer richtstatt außgefüehrt, entzwischen aber an beeden Armen mit glüenden Zangen vnd zwar auß gnaden weil Sie sich bueßfertig erzaigt, mit dem Schwerdt vnd blutiger Handt vom Leben zuem Todt hingerichtet, der Todte Körper aber nachmals zue Aschen verbrandt werden. Welche Vrtel auff einkhommene starckhe fürbitt, vmb willen Ihrer großen Leibsschwachheit vnd hohen Alters noch weiter dahin auß gnaden gemildert worden, daß die zween griff mit glüenden Zangen vermitten geblieben.

Actum Sambstag den 17. Novembris a⁰ 1685.

Auf heutigen Tag ist Mariae Fleckin von Wahlstadt, Elisabetha Weberin von München, und Annae Gschwenderin bey Wasserburg im Klinger Gerichte, allen 3 auß Bayrn ein Peinlicher Rechtstag gehalten, und Sye mit dem Schwerdt vom leben zum Tod hingerichtet: dero Cörper aber offentlich zu Aschen verbrant worden, wie denn ihrethalben folgendes Decretum ergangen.

Die verhoffte Maria Fleckin von Wahlstatt,
Elisabetha Weberin von München, und
Anna Gschwenderin bey Wasserburg im Klinger Gericht, alle drey auß Bayrn gebürtig, sollen, weiln Sye alß Hexen mit dem bösen Feind würklich verbunden, der heyligen Dreyfaltigkeit, und allen heyligen abgesagt, allerhand Gottes Lästerung in Worten und Wercken verüebet ... und durch Feür würcklichen schaden zugefüget, auß Gnaden mit blutiger hand durch das Schwert vom Leben zum tod hingerichtet: dero Cörper aber offentlich zu Aschen verbrant werden.

Actum Sambstag den 16. Marty a° 1686.

Auf heutigen Tag ist der Enphrosinae Endreßlin, geborner Prüglin, hiesig, ein peinlicher Rechtstag gehalten, und Sye mit dem Schwert vom Leben zum Tod hingerichtet, dero Cörper aber offentlich zu Aschen verbrennt worden, wie dann ihrenthalben folgendes Decretum ergangen.

Die verhaffte Euphrosina Endreßlin solle wegen ihres begangenen und bekandten Kindermords, Ergebung des Teufels, und Absagung Gottes und der hailigen Dreifaltigkeit, mit blutiger hand durch das Schwert vom Leben zum Tod hingerichtet, dero Cörper aber offentlich zu Aschen verbrant werden.

Actum Afftermontag den 2. May a° 1690.

Auf heutigen Tag ist Annae Judithae Wagnerin, hiesig, ein Peinlicher Rechtstag gehalten, und Sie mit dem Schwert vom Leben zum Todt hingerichtet, der Cörper aber offentlich zu Aschen verbrannt worden: nach Inhalt des ihrethalben abgefassten Decrets:

Die verhaffte Anna Juditha Wagnerin, solle,

weilen Sie sich dem bösen Feind ergeben, die Heyl. Dreyfaltigkeit verlaugnet, außgefahren, denen Hexen-Tänzen beygewohnt, . . . auch Schaden an Menschen gethan, auß Gnaden mit dem Schwert und blutiger hand von dem Leben zum Tod hingerichtet, der Cörper auf einen Scheitterhaufen geworffen, und darob zu Aschen verbrannt werden.

Hiermit möge es genug sein. Wir sehen, daß sich die Dokumente in ihrer ganzen Abfassung und auch in ihrem Inhalte sehr ähnlich sind. Die Schreibweise zeigt sich in der Zeit recht schwankend.

Die Hexenverfolgungen in Norddeutschland.

Im Norden Deutschlands gestalteten sich die Hexenverfolgungen sehr verschieden. Einzelne Fälle von Hexenprozessen kamen in allen Gebieten des großen Deutschen Reiches vor. Wie wir früher schon sahen, kam es viel darauf an, welche Stellung der Landesherr in diesen Prozessen einnahm. Stand er ihnen nicht freundlich gegenüber, so war auch den habsüchtigen Hexenrichtern und den unmenschlichen Henkern der Boden entzogen. Einen auffallenden Beweis liefert hiervon in Norddeutschland das Bistum Münster. Hier wurde ein Hexenprozeß im Jahre 1565 eingeleitet. Die Angeklagten wurden zwar gefoltert und durch die Folter wurde auch ein Geständnis erzwungen. Doch genügte dieses Zeugnis dem damaligen Bischofe Bernhard von Raesfeld nicht; er verlangte Beweise durch gültige Zeugen. Da diese aber nicht beizubringen waren, so wurden die Angeklagten auf Befehl des Bischofs wieder entlassen. Er verlangte überhaupt bei allen diesen Prozessen, daß der Nachweis erbracht würde, daß die angeblichen Hexen ihren Mitmenschen am Leben oder Besitztum Schaden zugefügt hätten. Auf bloßes Gerede der Leute solle man niemanden der Freiheit berauben.

Professor Dr. Seemann berichtet über einige Hexenprozesse im früheren Stift Essen, die wir hier dem Inhalte nach wiedergeben wollen, weil die Prozeßakten einmal recht umfangreich sind und sich zudem in der alten Schreibweise auch recht schwerfällig lesen. „Zur Ehre der Fürstinnen von Essen sei bei dieser Gelegenheit bemerkt, daß sie keineswegs der um sich greifenden Verfolgungswut an ihrem Teile Vorschub geleistet haben, sondern derselben eher hemmend entgegengetreten zu sein scheinen. Mit welcher Milde im Vergleiche zu anderen Landesobrigkeiten jener Zeit die Aebtissin Elisabeth von Sayn in derartigen Fällen zu verfahren pflegte, dafür liegen uns zwei in ihrem Namen erlassene Urteile aus den Jahren 1580 und 1581 vor." Im Jahre 1580 wurde am 31. Mai eine gewisse Elsgen Kammanns wegen Hexerei gefänglich eingezogen. Auf ihr Bitten und Flehen und in Anbetracht ihrer Kinder wurde sie auf Fürbitte angesehener Personen begnadigt. Sie mußte Urpfede schwören und das Stift Essen verlassen. (Urpfede — auch Urfehde und Urfede geschrieben — war die eidliche Versicherung, sich wegen der gegen ihn geführten Untersuchung nicht rächen zu wollen. Auch verstand man darunter die Versicherung, das Land, aus dem man verwiesen war, nicht wieder zu betreten und sich an den Bewohnern des betreffenden Landes nicht zu rächen.) 1581 wurde ein gewisser Reinhold Pott aus Dortmund wegen Hexerei eingezogen und gefoltert. Er gestand jedoch nichts. Er wurde dann in Borbeck an den Pranger gestellt und mit Ruten gestrichen. Der Scharfrichter des Stiftes Essen wohnte nämlich mit seinen Gehilfen in Borbeck und war gleichzeitig Abdecker. Pott mußte sodann ebenfalls Urpfede schwören und wurde aus dem Stift Essen ausgewiesen.

Ein größerer Hexenprozeß wurde 1589 anhängig gemacht unter der Herrschaft der Aebtissin Elisabeth II. von Manderscheid und Blankenheim. In diesem standen 18 Personen, beiderlei Geschlechts, im Verdachte der Hexerei. Sie stellten sich dem stiftischen Richter in Essen freiwillig, um sich durch eine Wasserprobe von dem Verdachte zu reinigen. Diese Wasserprobe erfolgte am 30. Mai 1589 in der Emscher. Von diesen 18 Personen sanken 6 unter und wurden hierauf sofort freigesprochen; 12 schwammen auf dem Wasser und wurden deshalb in den Turm gelegt. An demselben Tage wurde einer von ihnen, Heinrich Hollbeck (Heine in der Hollbecken) peinlich befragt, d. h. gefoltert, und durch die Folter wurden ihm folgende tollen Geständnisse erpreßt: Der Teufel wäre ihm erschienen und hätte ihn veranlaßt, Gott abzuschwören, dann habe er ihn in einer Kule (Grube) bei Herbrüggen in Teufels Namen getauft. Nach der Taufe habe ihm der Teufel ein Pöttchen (Töpfchen) mit schwarzen Materien gegeben. Mit dieser Salbe habe er seine eigene Frau und seine Kinder umgebracht. Im letzten Frühjahr habe er Nurseln zwei Pferde zu verschiedenen Zeiten verdorben. In der Nacht wäre er in den Pferdestall gestiegen und habe diese Salbe unter das Futter gemengt. Die Pferde seien erkrankt, aber Nursel habe Rat gebraucht. — Auf dem Segeroth sei er mit seiner Frau und der Tochter der Frau Hüttmann zum Hexentanz gewesen. Die Frauen hätten auf dem Besen geritten, und er hätte auf einem roten Kalbe geritten. Er sei bei dem Tanze der Spielmann gewesen und hätte auf einem Pferdekinnbacken geblasen; das gäbe einen überaus süßlichen und „genöglichen" Laut. Er habe auch sonst wohl auf dem großen Bruche mit seinen Gesellen getanzt und gespielt. Das Pöttchen mit der schwarzen Materie stehe in seinem Kämmerchen unter dem Schapp (Schranke). — Am folgenden Tage (31. Mai) wurde Trin Düllmanns von Morgens sechs bis acht Uhr gefoltert, eine Stunde mit aufgesetzten Schrauben vor den Schienen des rechten Fußes gemartert, in ein eisern Halsband gezwängt und scharf mit Ruten gestrichen. Aber sie legte kein Geständnis ab.

Am 2. Juni wurde bei Steele die Tochter der vorhin genannten Frau Huttmann gefoltert. Sie scheint noch ein Kind gewesen zu sein und machte gleich im Anfange der Tortur folgendes „Geständnis": Vor etwa 3 Jahren hat mich meine Mutter mit der Zauberei bekannt gemacht. Mein Stiefvater verschwendete unser Vermögen, und ich hatte nichts um- und anzuziehen. Als ich nun in Weidkamp bei der Werd am Nierbome die Biester (Kühe) hütete, kam der Teufel zu mir in Gestalt eines Junggesellen. Er hatte einen schwarzen Mantel um und sagte zu mir: „Wenn du meinem Rate folgst, soll es dir an nichts fehlen." Ich gelobte ihm, den Namen Gott nicht mehr im Munde zu führen und wurde dann von ihm getauft. Er gab mir zehn Taler, so doch darnach Dreck war. Ich bin viermal zum Hexentanz gewesen, einmal an der Wordt, dreimal auf dem Hußacker bei der Linden. Ich habe zwei Biester, nämlich „ein Witten Schimmel" und ein „Kobiest" (eine Kuh) mit der schwarzen Salbe umgebracht. Beide Biester gehörten uns. — Auf dem Tanzplatze war noch meine Moder und Heine in der Hollbecke und desselben Husfrau. Heine war der Spielmann, und das Gespiel gab ein Gelaut von sich, als wenn man auf einer Pannen rapt (auf einer Pfanne scharrt).

Darauf wurde die Frau des Heine in der Hollenbeck aufgezogen und mit Schrauben gepeinigt über anderthalb Stunden, aber sie bekannte nichts. Ebenso bekannten eine Frau Keiser in Huttrop, Frau Dortmann und Frau Mette aus Frintrop nichts, obwohl jede ungefähr zwei Stunden gefoltert wurde.

Hierauf spannte man Diederich im Heerßkamp auf die Folter. Dieser leugnete längere Zeit, bis er die Folterqualen nicht mehr ertragen konnte. Er stoppelte dann auf der Folter folgende Geschichte zusammen: Er hätte viel Kummer und Not gehabt. Da wäre eines Tages auf dem Stadtfeld nach Stoppenberg und hernach auf dem Felde nahe bei seinem Hause der Teufel zu ihm gekommen und habe ihm gesagt, er solle nicht mißtrauig sein, sondern ihm dienen und Gott verlassen, so solle er jederzeit Brot und sunst genug haben. Er habe ihm auch vorerst ein Stück Geld und ein Stück Brot gegeben. Dieses habe er in sein Schapp (Schrank) gelegt. Als er es herausnehmen wollte, wäre es Pferdedreck gewesen. Als er sich weiter mit dem Teufel eingelassen, habe ihn dieser in der Eickenscheidter Fuhr getauft. Er sei dann auf dem Stadtfeld am Sessenberge auf dem Tanzplatze gewesen, und der Teufel habe in der Gestalt einer Frauensperson mit ihm getanzt. Seine Gesellen seien Niehusmann, Elfe im Gasthuß, Niehusmanns Stieftochter, Hermanns und Arntz im Busche Weiber, Dortmann, so itz mitgefangen, Wolters Frau am Teigelofen, Johann Kluten Frau, Marie im Lyfftuchten Haus (Leibzuchthaus) zum Dorde gewesen. Er habe der Elsen Kosters ein braun Pferd verdorben und sich selbst ein Ferkel und ein Kalb. Das Duppen (der Topf), daraus er schmiere, stehe in 'seinem Keller auf der linken Seite.

Am 3. Juni wurde Frau Huttmann auf Grund

der Aussagen ihrer Tochter vom vorigen Tage nochmals gefoltert, gestand aber wieder nichts. Man suchte jetzt nach dem „Pöttchen“ und dem „Duppen“, fand aber weder das eine noch das andere, weil sie eben beide nicht existierten. Gleichzeitig bekannten Heerßkamp und Heine, daß sie niemals den Teufel gesehen und daß alle ihre Aussagen erdichtet seien, um nur aus der Pein, aus den Folterqualen herauszukommen.

Die Aebtissin wandte sich am 4. Juni an zwei kölnische Rechtsgelehrte, Dr. Schenk und Hartzheim und ersuchte diese um ein Gutachten in dieser Angelegenheit und bat diese beiden Rechtsgelehrten gleichzeitig, nach Essen herüberzukommen, um diesen Prozeß persönlich zu führen und um wegen noch einiger anderer Sachen zu Rate gezogen zu werden. Unterm 6. Juni lehnten beide dieses Gesuch der Aebtissin Elisabeth II. ab. („Vund wiewoll E. F. G. wyr nach aller Vermüghlichkeit alle ehrwillige Diensten zu erzeigen nit ungeneigt, so haben wyr doch aus allerhandt Ursachen, die wyr jetzo gleichwoll nit vermelden können, uns dieser und dergleichen Sachen zu underfangen kein unzeitigh bedenken.“) Trotzdem diese genannten Rechtsgelehrten mit diesem Hexenprozesse nicht gern etwas zu tun haben wollten, scheint sich die Aebtissin nochmals an Hartzheim in einem dringenden Gesuche allein gewandt zu haben. Hartzheim schreibt nämlich am 3. Juli 1589 an die Fürstin, daß er diese Angelegenheit einem andern Rechtsgelehrten, dem Lic Witfeldt zur Bearbeitung und Begutachtung übergeben habe. Und dieser Lic. Henrikus Wißfeld, wie er das Gutachten unterschreibt, hatte den Mut, ein Urteil in dieser Sache zu fällen. Der Schluß desselben lautet: „In Sachen der in actis benannten und behafften wird allem Vorbringen nach mit vorgehabtem Raidtt dero Rechtzgelehrten verabschaidtt. Obwohl Ihren Unthaten allerhand indicia vorgelauffen, diweill aber dieselben per torturas zum Theil purgirt, daß die Gefangenen darumb mit keiner ferneren peinlichen Fragh vor dißmalen zu beschweren, sundern gegen gepuirlichen Urpfeden und ferner aidtliche Versicherung, sich auf Erfordern, wann newe indicia vorkhommen, sich in diese Hafftungh widder einzustellen, auch gegen Erlegung der Atzung der Gefangnuß zu entledigen."

Auf Grund dieses Urteils entließ die Aebtissin die Gefangenen; der Scharfrichter erhielt an ihnen keine weitere Arbeit.

Gegen Ende des Jahrhunderts vermehrten sich die Hexenprozesse. Im Jahre 1615 wurde in Ahlen (Westfalen) ein angeblicher Zauberer verbrannt, der von sich und andern bekannt hatte, sie hätten sich in Werwölfe verwandeln und als schwarze Raben ausfliegen können.

Aus den Verhandlungen mit diesem Zauberer, namens Peter Kleikamp, mögen hier nach Soldan noch einige Mitteilungen folgen. Kleikamp war dem Trunke ergeben und wegen eines Diebstahls angeklagt. Er suchte sich dem Gerichte jedoch durch die Flucht zu entziehen. Später kehrte er nach Ahlen zurück und wurde wegen eines Sittlichkeitsverbrechens von neuem angeklagt. Von Zauberei war zunächst keine Rede. Die ihm nachgesagten Vergehen konnten ihm vor Gericht nicht nachgewiesen werden, und so hätte er nach unsern heutigen Rechtsbegriffen freigesprochen werden müssen. Da fiel dem Richter jedoch ein, daß er sich früher durch die Flucht einer gerichtlichen Untersuchung entzogen hatte. Dieses genügte, um ihn auf die Folter zu spannen. Doch Kleikamp blieb standhaft, und er wurde ins Gefängnis zurückgeführt. Was dort mit ihm geschehen ist, ist nicht bekannt geworden. Am andern Morgen wurde dem Richter mitgeteilt, daß Kleikamp zum Geständnis willig gemacht sei. In den Akten heißt es dann weiter: „Darauf er gütlich ausgesagt: Er sei seines Alters 44 Jahre. Gestern habe ihn der Teufel unter den linken Arm gestochen und nicht haben wollen, daß er bekennen solle. Er habe ihn gekniffen bunt und blutig, welches auch an ihm zu sehen war. Er sei ein Zauberer. Seine verstorbene Frau habe ihn vor ungefähr 16 Jahren das Zaubern gelehrt. Auf der Broickhauser Heide, im Kirchspiel Walstedde, habe er Gott und seinen Heiligen entsagt, dem Teufel Glauben, Treue und Huld gelobt. Bei dieser Verleugnung Gottes sei er dreimal rückwärts gesprungen. Darauf wäre der Teufel in Gestalt eines schwarzen Hundes zu ihm gekrochen . . .

Vor zehn Jahren sei er ein Werwolf geworden. Sein Gehilfe sei damals der verstorbene Johann Offenkamp gewesen. (Hier folgt die Angabe verschiedener Leute, deren Kälber, Ochsen und Schafe er und Offenkamp gebissen.) Später, vor fünf Jahren, sei Christian zum Loe sein Gehilfe geworden. (Nun folgt wieder die Angabe einer ganzen Reihe von Leuten, deren Vieh sie beide gebissen, dann heißt es weiter): Meine Frau ist auch eine Zaubersche, gehört aber zu einer andern Rotte. (Nun folgt die Angabe zahlreicher Genossen.) Wir bildeten zwei Rotten. In meine Rotte gehörte Heinrich Hoyemann zu Broickhausen. Unser Hauptmann war Kort Busch; derselbe hatte einen roten Kopf. Zu jeder Rotte gehören sieben, und zwar gehören zu meiner Rotte Grete Cloets, Anna Grone, Anna Jaspers, Tonieß zu Kellings Frau, Christian zum Loe usw. Ich war ihr Trommelschläger. Unsern Tanz hielten wir auf der Kampforte. Wir tanzten auf einer Leine, welche an der Pforte und an der Mauer befestigt war. Beim Trommelschlagen saß ich auf der Mauer. Die Trommel wird mit einem Fuchsschwanz geschlagen und geht: „Tup, Tup, Tup, Tup, Tup.“

Wer dieser Teufel gewesen ist, der ihn im Gefängnisse gequält hat, läßt sich nicht mit Bestimmtheit sagen; wahrscheinlich war es ein Henkersknecht. Ebensowenig läßt sich feststellen, wer dem Kleikamp eingegeben hat, solchen Unsinn auszusagen. Möglich ist, daß der Schnapsteufel, der in unsern Tagen auch noch recht oft die Menschen narrt, aus ihm geredet hat, da Kleikamp ja als ein dem Trunke ergebener Mensch bezeichnet wird.

Die Zeugenaussagen stimmten mit den Aussagen dieses Hexenmeisters natürlich nicht überein. Wir wollen hier nur einen Fall anführen. Kleikamp hatte ausgesagt, daß er mit Christian zum Loe ein schwarzbuntes Rind in einen trockenen Graben gedrängt und umgebracht habe. Dieses Rind habe einem gewissen Bauer Recker gehört. Recker, als Zeuge verhört, erklärte: Vor und nach wäre ihm unzweifelhaft von Hexen viel Schaden zugefügt worden. So sei ihm im verflossenen Jahre sein bestes Pferd, ein Ochse und eine Kuh krepiert. Sie alle hätten das Unglück zuerst in den Beinen gehabt und wären dann stracks niedergefallen und verendet. (Solche Unglücke werden auch heute wohl noch vorkommen, besonders dort, wo das Vieh schlecht gepflegt wird.) Eine schwarzbunte Kuh aber sei im letztverflossenen Jahr nicht ihm, sondern dem Roer (einem benachbarten Bauern) in einen Graben gefallen, die sie indessen lebendig wieder herausgezogen hätten. Dem Zeugen Brune wollte Kleikamp als Werwolf ein Schaf gebissen haben; Brune hatte aber niemals Schafe besessen.

Kleikamp wurde zum Tode verurteilt und verbrannt.

Christian zum Loe wurde auf die Anzeige Kleikamps gefänglich eingezogen und starb an den Folgen der Tortur im Gefängnisse. Der Scharfrichter bezeugte, der Hals des Verstorbenen sei ganz schwarz gewesen und habe sich umdrehen lassen, die Brust und Beine wären zerkratzt gewesen. Solches könne sich der Verstorbene nicht selbst angetan haben; es müsse notwendig vom Teufel herrühren.

Im alten Herzogtum Westfalen, dem jetzigen Sauerlande, hat dieser schreckliche Hexenwahn auch ziemlich stark getobt. Manche Ortsbezeichnungen wie „Hexenplatz", „Hexenland", „Hexenwiese", „Hexenturm" u.a.m. halten die Erinnerung an diese traurige Zeit fest. Leider sind die Akten dieser Hexenprozesse größtenteils absichtlich oder durch große Brände vernichtet worden.

In der Zeitschrift „Trutznachtigall" findet sich eine eingehende Abhandlung über die Balver Hexenprozesse. Sie zeigt uns zunächst, daß auch im Sauerlande die „Wasserprobe" eine große Rolle gespielt hat. Sodann ist es auffallend, daß die Aussagen der sauerländischen Hexen, natürlich durch die Folter erpreßt, fast wortgetreu mit dem Gefasel aller Hexen im Deutschen Reiche übereinstimmen. Es wird dieses wohl seine Erklärung in der Fragenstellung der Hexenrichter finden. Einige Sätze dieser Abhandlung seien hier wörtlich angeführt. „Unter den Hingerichteten desselben Jahres (1596) werden genannt die Eltern des Pfarrers Georg Braun . . . Selbst dieser würdige und verdiente Priester kam in den Verdacht der Zauberei und mußte mitsamt seiner Schwester fliehen. Seinen Bruder, den Bürgermeister von A., warf man ins Gefängnis. Wie weit die Hexenriecherei ging, erhellt aus dem Umstande, daß man dem vorerwähnten Pfarrer Braun bei seiner Bewerbung um das Pfarramt den Vorwurf machte, er sei „anrüchig", seine Eltern seien beide Hexen gewesen und in Balve verbrannt." „Von 1597 bis 1627 scheinen die Verfolgungen . . . zum Stillstand gekommen zu sein. Im Jahre 1628 aber brachen sie um so entsetzlicher wieder los." Vom Kurfürsten von Köln wurden besondere Hexenrichter im Sauerlande ernannt, die dann in geradezu barbarischer Weise ihres Amtes walteten. „In B. lebten die Prozesse wieder auf, als anfangs August 1628 in den Kirchen des Bezirks ein „ernstlich churfürstlich Befehl" wegen des Hexenwesens verkündet wurde. Dieser Befehl besagte, daß alle Eingesessenen des Amtes, „welche Leute beherbergen, die mit Zauberei berüchtigt, von Stund sollen abschaffen, widrigenfalls, sofern dieselben angegriffen und gerichtet wurden, und die Gerichtskosten aus derselben Verlassenschaft nicht zu bekommen, so sollen die Aufhälter für sie aus ihren Gütern bezahlen." Ferner gebot der Befehl die „Türme, Schlösser und Löcher in B. zum Gefängnis fertig zu machen." Den Baurichtern (Zimmerleuten) wurden „die Kotten verboten," d. h. die Ausübung ihres Handwerks auf den Gehöften; sie wurden angewiesen, Schanzen und Brandholz für die Scheiterhaufen zu hauen." „Unzähligen kostete der Hexenwahn das Leben. Nach Tausenden zählen auch im Sauerlande seine Opfer." „Es brachen nun (1628) Monate voll Grauen und Schrecken für das arme Ländchen an; überantwortete doch der unmenschlich wütende Richter binnen kurzem etwa jeden fünfunddreißigsten Menschen aus der schon arg durch Krieg und Pest entvölkerten Gegend dem Scheiterhaufen." —

In Bilstein wurden zwischen dem 2. Juni und 3. September 1629 nicht weniger als 32 Hexen verbrannt. In Olpe ereilte ein gleiches Schicksal zwei angebliche Hexen am 10. Mai 1644. Am 10. Mai 1728 wurde noch in Winterberg die Hexe Anna Maria

Rosenthal enthauptet und dann verbrannt. (Nach den Angaben des Exjesuiten von Hoensbroech.)

Einen großen Umfang nahmen die Hexenverfolgungen in der Stadt Geseke an, und heute noch wird diese Stadt im Volksmunde scherzhaft Hexen-Geseke genannt. Innerhalb 240 Jahren sollen hier etwa 2000 Zauberer und Hexen zum Richtplatz geführt worden sein.

Die letzte Hexe in Geseke war die Frau des Kakelkaspar auf der Mühlenstraße. Sie wurde wegen Klatscherei von der Nachbarsfrau als Hexe angeklagt. Sie wird gefoltert und bekennt. Sie sitzt schon auf dem Hexenwagen, um zu dem Richtplatze gefahren zu werden. Da kommt ihr Mann von einer Kriegsfuhre zurück. „Mein Gott, Bettchen", sagte er, „ ich habe doch nie etwas an dir gemerkt, wie ist das?" „Ach", sagte sie, „ich bin ja ganz unschuldig, so und so ist es mir ergangen." Da werden die Pferde vor dem Hexenwagen ausgespannt, einer von Kaspars Leuten läutet Sturm, und alles läuft zusammen. Die Bürger sind die Hexengeschichten leid; es ist ihnen ein Licht aufgegangen. Man bedroht und bestürmt die Richter, welche sich versteckt halten, und Kakelkaspar führt seine Frau nach Hause. Niemand tritt ihm entgegen. Aber von der Zeit an wagt niemand mehr, Anzeige wegen Zauberei und Hexerei zu machen. (Löhers).

In Osnabrück begannen die Hexenverfolgungen im Jahre 1583. Hier nahmen die Hexenbrände einen solchen Umfang an, daß in einem Jahre 121 Personen aus Osnabrück den Scheiterhaufen besteigen mußten. Im nahen Iburg wurden 20, in Verden 14 Hexen in dem genannten Jahre hingerichtet. In den Jahren 1585—1589 wurden in Osnabrück insgesamt 157 Zauberer verbrannt. Anno 1589 schreibt ein Geschichtschreiber, „hat man in Westfalen zu Osnabrück 133 Zauberer verbrannt. Die Sache ist so ausgekommen:

Auf dem Blocksberge sind aus vielen Ländern Arme und Reiche, Junge und Alte an 8000 Zauberer zusammengekommen. Als sie vom Blocksberge wieder abzogen, da haben sie sich alle in 14 Keller zu Nordheim, Osterode, Hannover und Osnabrück gemacht und ungefähr fünf Fuder Wein ausgetrunken und vernichtet. Zwei sind zu Osnabrück im Keller betrunken liegen geblieben und vom Hausknechte am Morgen gefunden worden. Der Knecht hat die Sache seinem Herrn angezeigt. Dieser ist eilig zum Bürgermeister gelaufen, und die beiden sind gefänglich eingezogen und peinlich verhört worden. Sie haben 92 Mitschuldige in der Stadt und 73 auf dem Lande angegeben, welche denn auch alle bekannt haben, daß sie durch ihre Gift- und Zauberkünste an die Viertehalbhundert umgebracht hätten, 64 hätten sie lahm gemacht. In der Stadt hat man danach auf einmal 133 verbrannt."

Durch seine Hexenverfolgungen zeichnete sich Herzog Heinrich Julius (1589—1613) von **Braunschweig** aus. An einem Tage waren bei Wolfenbüttel oft 10—12 Hexen verbrannt worden. Die Richtstätte am Lechelnholz war wegen der Menge der daselbst aufgerichteten Brandpfähle wie ein kleiner Wald anzusehen. Im Jahre 1591 verurteilte der Herzog eine Greisin von **einhundertundsechs** Jahren zum Feuertode; sie wurde erst geschleift und dann verbrannt. In Braunschweig waren die Foltergrade in folgender Weise geregelt: 1. Grad: Marterstuhl, Festbinden der Hände auf dem Rücken, Daumenschraube und Peitsche. 2. Grad: Einschnüren und spanische Stiefel. 3. Grad: Ausrecken der Glieder auf der Leiter mit dem gespickten Hasen oder andere geeignete Mittel, welche die Foltergrade verschärften. Herzog Heinrich Julius war als Hexenverfolger so gefürchtet, daß man in Wernigerode, wo auch heftig mit Folter und Feuer gegen die

Hexen gewütet wurde, wiederholt den Angeklagten drohte: Wenn sie nicht bekennen würden, werde man sie nach Wolfenbüttel schicken, dann sollten sie wohl bekennen.

In einer ungedruckten Chronik der Stadt Hitzacker im Fürstentum Lüneburg wird vom Jahre 1610 berichtet: „Anno 1610 wurden etliche Personen in Hitzacker und in der Nähe der Hexerei und Zauberei beschuldigt, welche dann auf viele andere mehr bekannten, daß auf zehn Personen inkarzeriert und zum Feuer verdammt wurden. Der damalige Pastor zu Hitzacker, Herr Simon Krüger, schreibt, daß ihm diese Affaire nicht allein große Mühe und Arbeit gemacht, sondern auch tausend Sorgen und Tränen aus dem Herzen gedrungen. Es ward geurteilt, daß sehr viele dieser Leute unschuldig sterben müssen, und daß der Scharfrichter bei der Wasserprobe betrüglich gehandelt, damit er nur viel verdienen möchte. Die Pfähle, daran dieselben verbrannt, waren 1670 noch häufig auf dem Galgenberge zwischen Warwedel und Levau zu sehen. Man erzählt, daß etliche von den Pfählen wieder ausgegrünt, welches dann der Regierung einiges Nachdenken verursacht, von solchem Prozeß abzustehen und eine Inquisition wider den Scharfrichter vorzunehmen."

In Nordhausen wurden 1573 zwei Frauen verbrannt, weil sie sich gerühmt hatten, sie könnten im Namen des Teufels den Leuten allerlei Plagegeister anhexen und diese im Namen Gottes wieder vertreiben.

In Hamburg scheinen die Hexenbrände gegen 1555 begonnen zu haben. Am 16. Juli des genannten Jahres wurden nämlich von vierzehn Hexen zwei zu Tode gepeinigt und vier verbrannt. Im Jahre 1556 wurde ein Hexenmeister samt seinen Kameraden lebendig mit dem Feuertode bestraft. Dasselbe geschah 1576 mit fünf Hexen. Ferner werden Hexenbrände in den Jahren 1581, 1583, 1589, 1591 und 1594 erwähnt. Im Anfange des 17. Jahrhunderts erfolgte die Aufstellung eines neuen Stadtrechtes. In diesem hieß es: „Die Zauberer und Zauberinnen, die mit verbotenen Mitteln dem Menschen oder dem Vieh an Leib und Leben Schaden zufügen oder auch, die aus bösem Vorsatz von Gott und seinem heiligen Wort vergessentlich abtreten und mit dem bösen Feinde sonderbare, hochärgerliche Verbündnisse machen werden, nach Gelegenheit ihrer beweislichen Bewirkung, mit Feuer oder mit dem Schwert am Leben gestraft."

Weil der eine Verfasser des „Hexenhammers", Jakob Sprenger, in Köln seinen Aufenthalt hatte, liegt die Annahme nahe, daß im Kurfürstentume Köln die Hexenverfolgungen einen besonders großen Umfang angenommen hätten, ähnlich wie im benachbarten Trierschen Gebiete. Die Geschichtsforschung zeigt jedoch, daß diese Annahme eine falsche ist. Wohl meldet die Geschichte aus dem Kölner Bezirk einzelne Hexenprozesse, aber sie scheinen dort niemals epidemisch ausgebrochen zu sein, wie Archivar Ennen zeigt.

Dieser teilte seinerzeit auch die Ansichten eines Kölner Juristen, Hermann Weinsberg, aus dem 16. Jahrhundert über Zauberei und Hexenverbrennung mit, welche lauten: „Anno 1589 den 30. Juni wollten etliche für gewiß halten, daß die Hexen oder Zauberinnen das Unwetter verlittener Nacht gemacht hätten, denn das Gerücht ging jetzt stark, wie der Kurfürst von Trier innen und außer Trier, viele Zauberer und Zauberinnen, Männer und Frauen, Geistliche und Weltliche, gefangen, verbrannt und ertränkt habe. Einige geben vor, es sei eine freie natürliche Kunst, womit Hochgelehrte und Prälaten sich befaßten, vielleicht die Schwarzkunst oder dergleichen darunter zu verstehen, wiewohl auch diese verboten ist. Ueber die Zauberei kann ich nach meinem Verstande nicht urteilen; ich höre auch, die Leute sind darüber nicht einig. Etliche glauben gar nicht daran, halten es für Phantasie, Tollheit, Träumerei, Dichtung, Nichtsnutzigkeit. Andere Gelehrte und Ungelehrte glauben daran, nehmen ihr Fundament aus der Heiligen Schrift und haben Bücher darüber geschrieben und gedruckt, halten hart darauf. Gott allein wird es wohl auch am besten wissen. Man kann der alten Weiber und verhaßten Leute nicht besser und bälder quitt werden, als auf solche Weise und Manier. Mich gibt es Wunder, daß es in dem katholischen heiligen Stifte von Trier und in mehreren andern Orten so viele böse Weiber gibt, warum dem Teufel dort mehr von Gott die Zauberei gestattet werden soll, als in der Stadt Köln. Wer hat früher gehört, daß Zauberer oder Zauberinnen in Köln verurteilt und verbrannt worden wären? Oft hat man einige, die der Zauberei beschuldigt waren, gefangen und lange sitzen lassen; man hat sie verhört, aber nichts Bestimmtes erfahren können. Soll es denn in Köln nicht so viele Mittel geben, die Wahrheit zu erforschen als an andern Orten?

Heute noch sitzt ein armes altes Weib auf dem Altenmarkte am Brunnen im Schuppen Tag und Nacht; man sagt, es ist eine Zauberin, man wirft es ihr vor, sie bekennt es öffentlich vor allem Volke, verlangt, man solle sie verbrennen. Sie ist wohl lange Jahre ein böses Weib gewesen, aber man läßt sie passieren und sagt, daß sie toll sei.

Vor längerer Zeit war ich im Namen meines Vaters zu Alken an der Mosel im Weingeschäfte. Dieser Ort ist zweiherrig, hat zwei Schlösser und zwei Gerichte, das eine trierisch, das andere kölnisch.

Zu jener Zeit saß ein Weib von Niedervell dort gefangen; es sollte Kühe, Enten und Hühner bezaubert haben. Diese Frau wurde von dem trierischen Vogt zum Tode verurteilt; aber Vogt und Schöffen der kölnischen Kurfürsten haben sie frei erkannt; ich habe sie danach in Freiheit gesehen. Daraus sieht man, daß die Anklage auf Zauberei ein ungewisser Handel ist und daß man große Ursache zu zweifeln hat. Es gibt gar viele Leute, die irgend ein Weib Zauberin schelten, dadurch in den Mund des Volkes bringen, und das Volk hält dieses Weib dann wirklich für eine Zauberin; wenn man aus Haß oder aus Leichtfertigkeit seine Mitmenschen in so böses Gerücht bringt, wird man schwerlich solches vor Gott verantworten können. Ich habe auch zu den Leuten, die mit Fingern auf eine Zauberin wiesen, gesagt: „Woher wißt ihr das?" „Ja, die Leute sagen's, das Gerücht geht so." Darauf antworte ich: „Wenn's von euch gesagt würde, wie solltet ihr dem gemutet sein, welche Lust solltet ihr darüber empfinden?" Liebe schweigt, nimmt niemanden, was man ihm nicht wiedergeben kann. Ich weiß wohl, daß es manche böse, argwöhnische, niedrige, auffässige, unzüchtige, schädliche Weiber gibt; daraus folgt aber gar nicht, daß diese Zauberinnen sind. Niemals habe ich aber ein Weib gesehen, das imstande wäre, Hasen, Hunde, Katzen, Mäuse, Schlangen, Kröten zu machen, mit einem Bock durch den Schornstein zu fliegen, in Weinkeller zu schlüpfen, mit den Teufeln zu tanzen; und derjenige, der sagte, er habe es gesehen, kann lügen. Laß es Gott richten." So weit dieser Kölner Jurist.

Aus diesen Ausführungen ersehen wir, daß es doch noch vernünftige Leute gab, welche an die Hexerei nicht glaubten, und daß Hexenverbrennungen im Kölner Bezirke bis zum Anfange des 17. Jahrhunderts zu den

Seltenheiten gehörten. Im 17. Jahrhundert treten sie dagegen mehr auf, und es zeichnete sich in dieser Zeit ein gewisser Buirmann, dessen wir schon Seite 40 gedacht haben, als berüchtigter Hexenrichter am Rheine aus.

Diesem Wüterich fiel auch der Vogt Dr. Andreas Schweygel zum Opfer, weil er es gewagt hatte, gegen die gräßlichen Folterungen einer Witwe Bäffers energisch zu protestieren. Schweygel war ein Greis von siebzig Jahren. Weil er jedoch für die genannte Witwe eingetreten war, wurde er als Mitschuldiger verdächtigt und ins Gefängnis geworfen. Er wurde von nachmittags 2 Uhr bis abends 9 Uhr gefoltert. Seine in der Tortur erhaltenen Wunden wurden brandig, und er sah den Tod vor Augen. Er bat um einen Priester, um die Sterbesakramente zu empfangen, doch seine Bitte wurde ihm abgeschlagen. So starb er denn an den Folgen der unmenschlichen Folterung. Der Hexenrichter aber sagte, der Teufel habe ihm den Hals umgedreht.

Im Gegensatze zum Kurfürstentume Köln wüteten im angrenzenden Trierer Gebiete die Hexenprozesse in unerhörter Weise. Gegen Ende des 16. Jahrhunderts entstand hier eine förmliche Hexenjagd, die mit einem so schauderhaften Erfolge geführt wurde, daß, wie Hennen berichtet, in zwei Ortschaften nur zwei Frauen am Leben blieben. Entsetzlich! Die Ursachen dieser schrecklichen Verfolgung waren Viehseuchen, Unfruchtbarkeit der Felder, Plünderungen und Verwüstungen u. dergl. mehr. Aus einem Verzeichnis ergibt sich, daß vom 18. Januar 1587 bis 18. November 1593 aus der Umgegend von Trier 306 Personen wegen Zauberei hingerichtet worden sind. Die Hexen aus Trier selbst sind in diese Zahl nicht mit einbegriffen. Hier sehen wir auch das Schauspiel, daß Priester und Ordensleute nicht nur der Hexerei angeklagt, sondern auch zum Feuertode verurteilt und verbrannt wurden. So wurden unter andern gerichtet: Pastor Jost zu Budelich 1593, Johann Malmunder, Abt zu St. Martin, im Jahre 1590, Dechant Peter Homphäus zu Pfalzel 1591, Dechant Christian zu Waldrach 1590, Dechant Schweig zu Longuich 1589, Pastor Johann Waltrach zu Mehring 1588 und viele andere wie der Rektor der Jesuiten, Peter Pauli, in Trier.

Und weshalb wurden diese Geistlichen vor Gericht gestellt und verurteilt? Auf Grund der Angaben, welche von gefolterten „Hexen" und „Hexenmeistern" gemacht waren. Wahrscheinlich hatten diese Herren auch ihre Stimme gegen die unmenschliche Handhabung der Folter erhoben und sich dadurch den Zorn und Haß der Hexenrichter und Folterknechte zugezogen, wie in Würzburg. Um nicht in den Verdacht der Hexerei zu geraten, unterließen die Leute den häufigen Empfang der heiligen Sakramente; denn, so hieß es, die Hexen nehmen oft die heilige Kommunion, um den Leib des Herrn zu schänden. An manchen Orten mieden gottesfürchtige Christen den öffentlichen Gottesdienst, beteten den Rosenkranz nur heimlich, um ja nicht in den Verdacht der Hexerei zu geraten. Priester fürchteten sich, das heilige Meßopfer täglich darzubringen, weil sie dadurch in den Verdacht der Hexerei geraten konnten. Man sollte es in der Tat nicht für möglich halten, daß der Hexenwahn solche Blüten und Früchte hätte treiben können!

Interessant sind folgende Angaben aus einem im Trierschen geführten Hexenprozesse: Die Angeklagte verblieb bei ihrer Angabe, daß bei dem Hexenmahl und Hexentanz am 24. Juni 1587 zwei Teufel zugegen gewesen. Der eine trug einen grünen, der andere einen blauen Rock. Beide hatten Geißfüße und

Klauen und waren schon bei Beginn des Hexenmahles betrunken. Die beiden Teufel gerieten in lebhaften Streit miteinander, ob der Rheinwein oder der Moselwein besser sei. Die anwesenden Hexen nahmen teils für den blauen, teils für den grünen Teufel Partei. Es entstand ein schreckliches Raufen und Schlagen; einer der beiden Teufel, Rufian mit Namen, ergriff einen Katzenschwanz und schlug eine Hexe damit tot. Naiv setzte die Angeklagte hinzu: „Wenn sie der Teufel nicht weggeholt hat, wird sie wohl noch da liegen." Schließlich siegte der Moselwein über den Rheinwein, und der besiegte Teufel flog durch die Lüfte davon.

Wie der Kölner Ratsherr, Hermann Weinsberg, über diese Hexenverfolgungen im Trierer Gebiete urteilte, haben wir vorhin gehört.

Im Mainzer Gebiete wird eine Hexenverfolgung in den Jahren 1615—1617 berichtet. Dann trat eine mehrjährige Pause ein. Auf Anstiften des Obristen Johann von Gartzen trat dann eine neue heftige Verfolgung ein. „Es seien der Hexen noch manche übrig geblieben, seit der letzten Prozedur vor elf Jahren. Dazu fordere der Himmel die Obrigkeit auf, wie das aus dem letztjährigen Mißwachs genugsam zu erkennen sei. Auch erfordere es die unschuldige Jugend, die sonst zu dem abscheulichen Laster der Zauberei verführt würde." Auf Grund dieser Beweise erhielt Gartzen vom Fürsten die Genehmigung zur Verfolgung der Hexen. Mit großer Genauigkeit ließ er die Vermögensverhältnisse der Angeschuldigten registrieren. Die Zahl der Angeklagten betrug 160. Außer diesen standen noch fünf Angeschuldigte vor dem Gericht, die trotz scharfer Folter nichts aussagten und daher entlassen wurden.

Eine Frau Beck widerrief jedesmal nach der

Folter ihre Aussagen; „denn es geschah nur aus Pein,“ sagte sie. Ein gewisser Heinrich Hank sagte den Richtern ins Gesicht: „Wenn es so fortgeht, bleibt kein Mensch mehr auf der Welt.“ Eine andere Hexe meinte, wenn man so mit Brennen fortfahren würde, würde bald kein Holz mehr vorhanden sein. Frau Bickert schrie auf der Folterbank: „Liebe Engel im Himmel, steht mir bei! Wenn es meiner Seele Seligkeit keine Beschwernis macht, so will ich sagen, ich kann zaubern und will gern sterben wie eine Hexe. Ich kann aber nicht zaubern. O unschuldiges Blut, o Gott, erbarme dich!“ Man will sie entlassen, doch sie stirbt noch vor ihrer Entlassung aus dem Gefängnisse, wohl infolge der Folterungen.

Ein gewisser Hans Daniel will ein Sonntagskind sein und die Hexen in ihrem Angesichte erkennen. Dieser Mensch gibt 315 Personen aus zehn Ortschaften an, und auf dessen Angabe werden diese Unglücklichen eingezogen und gefoltert. Die meisten beteuern ihre Unschuld und bleiben standhaft.

Als Kurfürst Johann Philipp von Schönborn, ein Freund Friedrichs von Spee, 1647 die Regierung über Kur-Mainz übernahm, hatten hier die Hexenprozesse ein Ende.

In Hessen treten die ersten Hexenverfolgungen gegen das 16. Jahrhundert auf. In Darmstadt wurden 1585 bereits 30 Personen wegen Hexerei in Untersuchung gezogen, 17 wurden hingerichtet. Im Jahre 1582 machte eine „Hexe“ die Aussage: der Teufel mache sie unsichtbar, daß sie in die Ställe kommen und dem Vieh das Gift einblasen könne. Sie habe sich vor einigen Jahren dem Teufel des Abends beim Feuer mit ihrem Blute verschrieben. Er habe dieses Blut mit einer Klaue von der Stirn genommen. Ihre Mutter, die eine Königin der Hexen sei, sei dabei gewesen.“ Wahrscheinlich hatte man es hier mit einer schwachsinnigen oder irrsinnigen Frau zu tun; die Richter nahmen jedoch eine solche Aussage für bare Münze. Sie wurde zum Tode verurteilt und verbrannt.

Ein Bettelweib aus Bettendorf, welches wegen Abfalls von Gott und wegen allerlei Zauberei 1648 hingerichtet worden war, sollte einen zehnjährigen Knaben in ihre Zauberkünste eingeweiht und mit dem Teufel persönlich bekannt gemacht haben. Der Junge wollte Mäuse machen und Vieh behexen können. Dem Pfarrer zu Bettendorf wurde von der Obrigkeit aufgegeben, sich des Knaben, der vom Bettelvogt bereits mit Ruten gestrichen worden sei, anzunehmen, ihn seinem Vater zu übergeben und für seine Unterweisung im Katechismus zu sorgen, damit er womöglich aus den Stricken des Satans wieder befreit werde. Der Pfarrer berichtete hierauf seiner Behörde, daß es unmöglich sei, den Knaben in die Schule zu bringen, indem alle Leute des Ortes erklärt hätten, daß sie, wenn dieser Teufelsbube in die Schule käme, alle ihre Kinder, um sie nicht ebenfalls in die Hände des Teufels geraten zu lassen, vom Besuche derselben zurückhalten würden.

In Marburg sagte 1672 ein Soldat namens Scharff vor Gericht aus; er habe von dem Sohne seiner Wirtin einen Zirkel geborgt. Als er denselben geöffnet habe, sei aus dem Zirkel Wasser gespritzt. Darauf habe er den Zirkel ins Wasser geworfen, da sei ihm der Teufel erschienen und habe ihn zwingen wollen, den Zirkel wieder aus dem Wasser zu holen. Er habe es aber nicht getan, sondern sich Gott empfohlen rc.

In Hessen kam der seltene Fall vor, daß eine Jüdin als Hexe angeklagt wurde. Sie ward nach Marburg in den Turm gebracht, hier aber bald als irrsinnig erkannt und entlassen.

Im Fuldaer Lande trieb der Zentgraf Balthasar Nuß drei Jahre lang sein Unwesen. Dieser Hexenrichter betrieb die Verbrennung massenhaft. So wurden im Jahre 1604 am 22. Juni neun Hexen verbrannt, am 14. Juli neun, am 11. August neun, am 9. September elf, am 29. September zwölf, am 17. Oktober zehn, am 12. Dezember acht. Im Jahre 1605 verbrannte dieser Wüterich am 21. Mai dreizehn, am 27. Juni zwölf, am 13. Juli zwölf, am 22. August zwölf Personen usw. In einem Berichte über die Einnahmen in den Hexenprozessen führte Nuß 205 Personen mit Namen an, die er von 1603 bis 1605 zum Tode verurteilt hätte. Es waren fast ausnahmslos Frauen und Mädchen aus den niederen Ständen. Er soll in den drei Jahren aus den Hexenprozessen 5393 Gulden eingenommen haben, eine für die damalige Zeit ganz gewaltige Summe. Dieser Unmensch kümmerte sich weder um die „Karolina" noch den „Hexenhammer". Wurde ihm eine Person als Hexe angezeigt, so ließ er sie ohne weiteres von seinen Landsknechten aufgreifen und übergab sie den Folterknechten. Hans Werner von Ditges, einen Greis von 70 Jahren, griff er ohne Anzeige und ohne jeden Grund auf offenem Wege auf und brachte ihn nach Fulda und ließ ihn foltern. Töll Glübs Frau von Neuhof ließ er in solch unerhörter Weise quälen, daß er ihrem Manne hundert Taler versprach, wenn er von diesen Torturen niemanden etwas erzähle. Die Greuel, die er an den armen Opfern beging, wurden so arg, daß ihn die Schöffen wiederholt vor deren Fortsetzung warnten. Nuß kam es vorzüglich auf das Geld an, das ihm die Prozesse einbrachten. So ließ er sich z. B. von Sebastian Orth zu Fulda für dessen Frau 31 Gulden bezahlen, von Hans Herget 42 Gulden, von Johann Keller für dessen Mutter 50 Gulden, von Hans Döler zu Hammelburg für dessen Schwiegermutter 80 Gulden usw. Schließlich war das Maß voll, und es drehte sich das Blatt. Nuß wurde selbst in Haft genommen und in Untersuchung gezogen, wobei seine Betrügereien und teuflischen Bosheiten ans Tageslicht kamen. Dreizehn Jahre saß er im Kerker und schließlich wurde er 1618 öffentlich enthauptet.

Dem Schultheißen zu Freudenberg, in der Grafschaft Siegen wurde 1638 von seiner Behörde ein Verweis erteilt, weil er die Anklagen wegen Hexerei unbeachtet gelassen und die Angeschuldigten nicht gefänglich eingezogen hatte. Hierauf brach im Siegener Lande eine solche Verfolgung der Hexen aus, daß keine Frau und kein Mädchen mehr sicher war, und die Landesregierung sah sich genötigt, dem Treiben Schranken zu setzen. Graf Johann Ludwig erließ 1639 ein Schreiben, worin er erklärte, daß allerdings das Laster der Zauberei bestraft werden müsse, wo es sich zeige. Gleichzeitig ermahnte er aber auch seine Räte, darauf hinzuarbeiten, „daß keinem Unschuldigen weder an Ehre, Leib und Seele zu kurz oder mehr geschehe, wie man gemeiniglich zu tun pflege. Dabei sei großer Fleiß, Sorge und Fürsichtigkeit zu gebrauchen, und solches mit gottesfürchtigen und gelehrten Theologen und Rechtsgelehrten zu beratschlagen, auch unverdächtige, gottesfürchtige, verständige Leute zu Kommissären zu gebrauchen, damit die Bosheit gestraft und die Unschuld beschützt werde."

Ein großer Prozeß fand 1676 zu Idstein statt. Angeklagte war die Frau des evangelischen Pfarrers von Hefftrich bei Idstein. Die Angeklagte wurde zum Feuertode verurteilt.

Furchtbare Hexenbrände fanden im Kurfürstentum Sachsen und in den sächsischen Fürstentümern statt. Kurfürst August von Sachsen war selbst in geheimen

Künsten bewandert. So gab er mit Bezug auf verhexte Kühe für eine seiner Meiereien folgende Weisung: „Melke die Milch von allen Kühen, gieße sie in ein einziges Gefäß, laß ein Eisen glühend werden und stoß es in aller Teufel Namen in die Milch, laß es erkalten, so wird die Zauberin an ihrem Leibe verbrannt und beschädigt, daß man das Malzeichen oder den Brand sieht. Wenn du aber mit dem Eisen den Boden des Fasses berührst, so muß sie des Todes sterben." *)

Im Jahre 1572 erließ der Kurfürst August eine neue Gerichtsordnung, in der er die Paragraphen der „Karolina" verschärfte. Nach der „Karolina" sollte eine Hexe nur dann mit dem Tode bestraft werden, wie wir gehört haben, wenn sie dem Mitmenschen wirklich Schaden zugefügt hatte. Nach der neuen Gerichtsordnung dieses Kurfürsten sollten die Hexen auch dann verbrannt werden, wenn solche Beschädigungen nicht nachweisbar waren.

Kurfürst August von Sachsen ließ gegen einen gewissen Grumbach und den weimarischen Kanzler Brück die Folter in unmenschlicher Weise anwenden. Ein ähnliches Schicksal hatten der Kanzler Craiow, die Leibärzte Peutzer und Hermann, der Kirchenrat Stössel und Hofprediger Schütz. Alle wurden im Gefängnisse gefoltert. Craiow versuchte infolge der Folterungen im Gefängnisse Selbstmord zu begehen; da ihm dieses nicht gelang, ließ man ihn verhungern. Die im Jahre 1572 erschienene sächsische Kriminalordnung besagte: „So jemand in Vergessung seines

*) Am 2. März 1908 sagte ein Mitglied des preußischen Abgeordnetenhauses öffentlich: „Es besteht der Aberglaube, daß die Kühe aufhören, Milch zu geben, wenn man ihre Milch an die Gendarmen liefert." Die Gegend, in der dieser Aberglaube noch herrscht, wurde verschwiegen.

christlichen Glaubens mit dem Teufel ein Verbündnis aufrichtet, umgeht oder zu schaffen hat, daß dieselbe Person, ob sie gleich mit Zauberei niemand Schaden zugefügt, mit dem Feuer vom Leben zum Tode gerichtet und gestraft werden soll." Wir sehen, daß sich diese Kriminalordnung scharf gegen die „Karolina" unterschied.

Dieses strengere Verfahren verteidigte namentlich Carpzow, welcher der Vater des sächsischen Rechts genannt wird. Der Artikel 13 des Landrechts heißt: „Welcher Christ, Mann oder Weib, ungläubig ist oder mit Zauberei umgeht, oder mit Vergiftung überwunden wird, die soll man auf einer Horde brennen." Hiernach verfuhr der Leipziger Schöffenstuhl gegen angebliche Hexen, welche Schaden angerichtet haben sollten, wie gegen jene, die keinen gestiftet hatten, und dieses Verfahren wurde von Carpzow gebilligt. Von diesem Richter erzählt man die fast unglaubliche Mitteilung, daß er selbst 20000 Todesurteile gefällt habe. Streichen wir eine Null ab, so bleibt immerhin noch eine erschrecklich hohe Zahl.

In Marburg wurde 1672 eine Frau grausam gefoltert. Sie hatte in zwei Jahren alle Stufen der Folterqualen durchlaufen ohne etwas zu gestehen. Nach dem Urteile der Richter war dieses ohne Zauberei nicht möglich; also mußte sie, weil sie nichts gestand, eine Hexe sein.

In Leipzig wurden im September 1582 zwei Totengräber, welche durch zauberische Tränke ein großes Sterben gemacht haben sollten, mit glühenden Zangen gerissen, gerädert und aufs Rad gelegt. Ihre Weiber und Schwieger, welche schreckliche Wetter gemacht haben sollten, wurden zu Asche verbrannt. In demseben Jahre wurde ein städtischer Totengräber, weil er mittels Kröten- und Schlangengiftes 22 Personen umgebracht haben sollte, aufs Rad geflochten. Ebenso wurde sein Knecht gerädert.

In Neisse hatte der Magistrat zum Verbrennen der Hexen einen eigenen Ofen bauen lassen, in welchem im Jahre 1651 42 Frauen und Mädchen verbrannt wurden. Im Fürstentum Neisse sollen im Laufe von neun Jahren über tausend Hexen hingerichtet worden sein, darunter Kinder von zwei bis vier Jahren.

Als der Kurfürst Johann Georg im Herbste 1594 in die Neumark zur Jagd kam, beschwerten sich die armen Leute zu Friedberg über ihren Pfarrer, daß er mit dem Teufel im Bunde stehe. Er zwinge den Teufel, daß er den Leuten die Schinken vom Speck schneiden, das Fleisch aus den Wiemen nehmen, Eier und andere Sachen stehlen und ihm bringen müsse. Der Pfarrer wurde auf diese Aussagen hin verhaftet. Uebrigens fanden in der Mark Brandenburg, wo man sich strenge an die „Karolina" hielt, verhältnismäßig wenige Hexenprozesse statt.

Der letzte Prozeß dieser Art war in Berlin im Jahre 1728. Ein geistesschwaches Mädchen von 22 Jahren hatte ausgesagt, daß es einst einem Herrn im blauen Rock und gestickter Weste begegnet sei; dieser habe ihm Geld geschenkt. Später sei es diesem Herrn wieder begegnet, und er habe ihm eröffnet, daß er der Teufel sei. Er habe ihm die Finger gedrückt, daß Blut herausgeflossen sei und seitdem verfolge es der Teufel. Das Mädchen habe auch ein Schriftstück unterschreiben müssen; beim Schreiben habe ihm der Teufel die Hand geführt. Damals waren jedoch die Hexenprozesse schon am Aussterben, da man zur Erkenntnis des Hexenwahns gekommen war. Die Richter sahen die Erzählung für unwahrscheinlich und ungereimt an, und das Mädchen wurde in das Spinnhaus zu Spandau gebracht, wo es überwacht und zur Arbeit angehalten wurde. Der König Friedrich Wilhelm I. bestätigte dieses Urteil, und hiermit hörten die Hexenprozesse in Preußen auf.

In Pommern wurde eine Person hohen Standes, Sidonia von Bork, eine Greisin von achtzig Jahren, der Hexerei angeklagt und trotz der Fürsprache benachbarter Fürsten auf dem Rabenstein bei Stettin hingerichtet.

Gegen eine andere Sidonie, die Schwester des Kurfürsten August von Sachsen und Gemahlin des Herzogs Erich von Braunschweig-Kahlenberg, wurde ein Hexenprozeß angestrengt, der zu den furchtbarsten Folterungen führte. Herzog Erich II. war zum katholischen Glauben übergetreten und beschuldigte nun seine Gemahlin Sidonie, sie habe vier Weiber gedungen, welche ihn durch Zauberkünste aus dem Wege schaffen sollten. Sidonie gelang es, zu ihrem Bruder zu entfliehen. Die vier armen Frauen aber wurden eingezogen und teuflisch gefoltert. Sie bejahten auf der Folter schließlich alles, was man ihnen vorsagte. Auf Bitten der Herzogin Sidonie veranlaßte der Kaiser eine Revision dieses Prozesses, und in diesem neuen Prozesse wurden alle vier freigesprochen, da sich ihre Unschuld herausstellte.

Mit diesem Bilde teuflischer Bosheit und Grausamkeit wollen wir dieses Kapitel abschließen. Wir haben gesehen, daß kein Mensch vor der Anklage der Zauberei in dieser unheilvollen Zeit sicher war. Es schützte davor kein Alter, kein Stand, kein Kleid.

Gegner des Hexenwahnes und der Folter.

Wir haben auf den vorigen Blättern gesehen, in welcher Weise der Hexenwahn in ganz Deutschland tobte, in dem einen Landesteile mehr, in dem andern weniger. Welch ein Meer von Blut und Tränen unschuldig Verurteilter hat er im Gefolge gehabt! Wie viele Familien sind durch diesen unseligen Wahn in Schande und Not geraten! Da fragen wir uns denn doch: War denn niemand, der gegen diesen Wahn seine Stimme erhob und namentlich gegen den Mißbrauch der Folter redete? Gewiß gab es auch damals noch viele edel und vernünftig Denkende, die dem Mißbrauche gern gesteuert hätten und auch wirklich ihre Stimme erhoben. Aber, was war die Folge? Sie bezahlten ihren Wagemut mit ihrem eigenen Leben, wie uns verschiedene Beispiele gezeigt haben (wie die Hexenbrände in Würzburg Seite 89 u. ff.). Es gab eben kein besseres und kein untrüglicheres Mittel, um in den Geruch einer Hexe zu kommen, als das, sich der Hexen anzunehmen und zu ihren Gunsten zu reden. Der Hexenwahn machte eben vor keinem Geschlechte, keinem Alter und keinem Stande Halt. Die unmenschlichen, vertierten Henkersknechte und Folterknechte marterten jeden, der ihnen überliefert wurde. Dann müssen wir bedenken, daß alle Kinder ihrer Zeit waren. Von

Jugend an waren sie mit den Erzählungen von Hexereien und mit der Folter vertraut. Die ganze Sache war zu einer gewissen Gewohnheit geworden; die Natur war gleichsam gegen die Greuel der Folter abgestumpft.

Endlich wurden doch Stimmen laut, die mit aller Entschiedenheit gegen den Hexenwahn Front machten und nicht mehr ungehört verhallten, sowohl von katholischer wie von protestantischer Seite. Von diesen Gegnern der Hexenverfolgungen wollen wir den Lesern das wichtigste nachstehend mitteilen. Vorher möchten wir jedoch noch einige Urteile über die Folter angeben, die teils schon vor Beginn der Hexenprozesse gefällt worden sind, teils während derselben.

Der Jesuitenpater Friedrich von Spee, den wir nachher noch besonders kennen lernen werden, da sich wohl kaum ein zweiter in solch edler und aufopfernder Weise der armen Angeklagten angenommen hat als gerade er, urteilt in seinem berühmten Werke Cautio criminalis: „Weh denjenigen, welche in dieser Sache den Advokaten machen wollen, sie werden wider sich selbst den Streithandel wenden, gleichsam als ob sie selbst an der Hexenkunst Teilnehmer seien. O, welche Freiheit in diesen Zeiten! Wenn jemand es wagt, den Advokaten zu machen, so ist er schon verdächtig! Ja, was sage ich, verdächtig, — auch jener ist wenigstens schon verhaßt, der nur ganz freundschaftlich die Richter wegen dieser Angelegenheit zu ermahnen sich erlaubt."

Das Urteil Spees ist bei Freund und Feind über jeden Verdacht erhaben.

Papst Nikolaus I. erklärte in einem Schreiben an die Bulgaren, sie möchten von dem Gebrauche der Folter abstehen. „Ich weiß," schreibt er, „daß, wenn ein Dieb ergriffen wird, ihr ihn der Folter überantwortet, bis er sein Verbrechen gesteht. Aber kein göttliches und menschliches Gesetz gestattet dieses; denn aus freien Stücken muß das Geständnis erfolgen, nicht gewaltsam ausgepreßt, sondern freiwillig gegeben werden. Ist diese Strafe einmal verhängt und ihr entdeckt dann die Unschuld des Angeklagten, errötet ihr da nicht? Erkennt ihr da nicht die Ungerechtigkeit eures Urteils? Und wenn ein Unglücklicher, nicht vermögend den Qualen zu widerstehen, sich für schuldig bekennt, ohne es wirklich zu sein, auf wen anders fällt die Gottlosigkeit als auf denjenigen, welcher ihn zum Bekenntnis der Lüge gezwungen? Verwerfet daher und verdammet solchen Gebrauch."

Ludwig Vives, einer der berühmtesten katholischen Lehrer seiner Zeit, † 1540, schrieb gegen die Folter: „Es gibt viele wilde Völker, die es für grausam und unmenschlich erachten, einen Menschen zu foltern, dessen Verbrechen noch im Zweifel steht. Wir aber, geschmückt mit aller Bildung, die eines Menschen würdig ist, wir quälen die Menschen, damit sie nicht unschuldig hingerichtet werden in einer Weise, welche sie bemitleidenswerter macht, als wenn sie hingerichtet würden. In solchem Grade übertreffen die Foltern oft den Tod an Grausamkeit. Oder sehen wir nicht täglich viele, die lieber den Tod als die Folter auf sich nehmen wollen? Ihrer Verurteilung gewiß, gestehen sie ein Verbrechen, das sie nie begangen, nur um nicht gefoltert zu werden. Wahrhaftig, wir haben Henkerherzen; wir können es ertragen, daß man so bittere Seufzer und Tränen einem Menschen auspreßt, von dem wir nicht wissen, ob er schuldig sei."

Zwei andere vernichtende Urteile über die Folter fallen in die Blütezeit der Hexenprozesse. Mayfart fällte folgendes Urteil über diese schrecklichen Marterwerkzeuge: „O du himmlischer Vater, wie müssen doch die Fakultäten, die Schöppenstühle, die Gerichte gesinnt sein, welche zu Haus in sanfter Ruhe sitzen, bei gutem Essen und Trinken leben und in ihren Studierstuben von der Tortur schreiben und nachmals ihre Bücher in den Druck verfertigen und auf die eingeschickten Akten leichtlich und reichlich die Marter erkennen; haben unterdessen nicht ein Vorbildlein derselben in ihren Gedanken abgemalet und urteilen von der elendesten Elendigkeit und grausamsten Grausamkeit wie der Blinde von den Farben. Wie müssen doch die Prädikanten, die Lehrer, die Beichtiger gesinnt sein, welche zu Haus in sanfter Ruhe sitzen, bei gutem Essen und Trinken leben und in ihren Studierstuben sitzen, die Gefängnis, die Peinigung der Folter in die Konzepte ihrer Predigt schreiben, nachmals auf die Kanzel bringen, die Regenten erfrischen, die gewissenhaftigen Amtspersonen beschmitzen, nach dem Henker rufen; haben unterdessen nicht ein Vorbildlein noch einen dunklen Schatten in ihren Gedanken abgemalet und urteilen von der elendesten Elendigkeit und grausamsten Grausamkeit wie der Blinde von den Farben. Sollten solche tortursüchtige und marterbegierige politische und geistliche Personen nur eine Viertelstunde in dem Ort der Qual hangen, sie würden ihre Bücher verspeien und ihre Predigten vermaledeien. Aber es heißt von ihnen, wie bei dem Propheten Amos am Sechsten steht: „Ihr achtet euch weit von bösen Tagen und trachtet immer nach Frevelregiment . . . und bekümmert euch nichts um den Schaden Josephs.“ Es tut den Urteilssprechern wohl, d a ß d i e F r a g e G e l d m i t s i c h b r i n g t . . .“ Mayfart war ein evangelischer Theologe.

Johann Grevius, ein protestantischer Prediger, schrieb 1624 ebenso eindringlich gegen den Gebrauch der Folter. Er sagt: „Bei den Christen sollte die Folter so wenig zu treffen sein wie die Sklaverei, mit welcher sie in ihrem Ursprunge zusammenhängt. Was man zugunsten der Folter anführt, ist unhaltbar. Man beruft sich auf die Gewohnheit; aber diese Gewohnheit ist unvernünftig. Man verweist auf das römische Rechtsbuch. Aber darin stand auch die Sklaverei. Die Römer ergötzten sich an den Gladiatorenkämpfen, und manche erklärten dieselben für gut und nützlich, eines Nero und ähnlicher Bluthunde nicht zu gedenken. Ein Gesetz, welches dem Naturrechte geradezu widerspricht, ist kein Gesetz. Die Vernunft sagt, man dürfe nicht strafen ohne Gewißheit der Schuld; die Folter aber straft ein Verbrechen, bevor es bewiesen ist. Das Gewissen des Richters, meint man, fordere die Folter, wo ihm die Zeugen nicht genügen. Aber wer verpflichtet ihn, zu strafen, wenn freiwilliges Geständnis oder Beweise die Schuld nicht erhärten? Ebensowenig bedarf man der Folter, um den Gerichtshöfen ihr Ansehen zu wahren. Grausamkeit und Ungerechtigkeit bringen keine Ehre. Man kann auch nicht sagen, man gebrauche die Folter, um das Volk von geheimen Verbrechen abschrecken zu können; denn das hieße zu einem guten Zweck ein schlechtes Mittel anwenden. Man strafe nur jene gehörig, deren Missetat ohne die Folter zutage getreten! Uebermäßige Strenge reizt eher zu Vergehungen, als daß sie davon abhält, und gerade die Folter legt tyrannischen Machthabern und überhaupt schlechten Menschen den Gedanken nahe, Unschuldige anzuklagen, besonders auf Majestätsverbrechen . . . Der heutigen Gewohnheit nach gibt es für die Richter in Verhängung der Foltern kein bestimmtes Maß. Wenn sie wollen, können sie dich hundertmal foltern lassen. Haben sie einmal begonnen, so pflegen sie so lange fortzufahren, bis das Geständnis vorliegt. Für einen schwächlichen Menschen besteht da keine Hoffnung mehr. Allzuviel geben die

Richter auf die Angaben, welche die Angeklagten, freiwillig oder auf der Folter, über Mitschuldige machen. Nicht selten legt Furcht oder Rachsucht oder Aussicht auf Linderung der Strafe dem Beklagten die Lüge in den Mund. Schrecklich ist die Verwüstung, welche durch solche Angeberei bei den Hexenprozessen angerichtet wird. Auch die Gesichtszüge eines Menschen gelten als Indizien, welches den Richter berechtigt, ihn zu Folterqualen zu verdammen. Man foltert, dem Rechte zum Hohne, selbst bei kleinen Diebstählen. Sind mehrere zu foltern, so beginnt man mit den Schwächeren. Bei gewissen Verbrechen hält man sich befugt, selbst Kinder, vom zehnten Jahre an, auf die Marterbank zu spannen. Einige Richter helfen selbst beim Foltern, erfinden neue Folterkünste, können sich nicht satt sehen an der Metzelei, müssen von den Henkern selbst gemahnt werden, endlich abzubrechen, bringen die Leute auf der Folter ums Leben."

Grevius scheint die Folter am eigenen Leibe kennen gelernt zu haben. — Die genannten Gelehrten wenden sich weniger gegen die Hexenverfolgungen als vielmehr gegen den Gebrauch der **Folter** überhaupt.

Ueber den **Hexenwahn** sprach sich der bekannte Nürnberger „Poet" Hans Sachs im Jahre 1531 in der damaligen Schreibweise also aus:

Des Teufels Ehe und Reutterey
Ist nur Gespenst und Fantasey.
Das Bockfaren kumbt aus Mißglauben,
Der Teufel tut's mit Gespenst betauben,
Daß sie liegt schlafen in eim Qualm,
Meint doch, sie fahr umb allenthalbm,
Und treib diesen und jenen Handel
Und in ein Katzel sich verwandel:
Dieß alles ist heidnisch und ein Spott
Bei den, die nicht glauben in Gott.
So du im Glauben Gott erkennst,
So kann dir schaden kein Gespenst.

Nunmehr sei denn auch die Rede von tatkräftigen Bekämpfern des unseligen Hexenwahnes.

Johann Weyer, der erste Bekämpfer des Hexenwahnes.

Der erste, welcher den verwegenen Mut besaß, offen gegen die Hexenverfolgungen aufzutreten, war der Leibarzt des Herzogs Wilhelm IV. von Cleve, mit Namen Johann Weyer. Dieser veröffentlichte schon im Jahre 1563 ein in lateinischer Sprache verfaßtes Werk „Ueber die Blendwerke der Dämonen, Zauberer und Giftmischereien.“ Aus diesem seien hier folgende Ausführungen mitgeteilt:

„Wie ganz anders geht man heutzutage mit diesen Leuten um (wie in der „Karolina“ vorgeschrieben ist). Lediglich auf eine boshafte Anklage oder einen falschen und unvernünftigen Verdacht des dummen, rohen Pöbels lassen die Richter die alten armen Weiber, welche vom Teufel verwirrt oder besessen sind, in die Gefängnisse, jene schrecklichen Räuberhöhlen, werfen und alsbald auf der Folter in unaussprechlichen Qualen durch den Henker befragen. Ob sie wollen oder nicht, ob sie noch so unschuldig sind, sie kommen nicht los aus der blutigen Zerfleischung, bis sie ein Bekenntnis abgelegt haben. Daher kommt es, daß sie vorziehen, lieber in den Flammen ihre Seele Gott zu übergeben als die Peinigungen dieser ruchlosen Tyrannen länger zu ertragen. Sterben sie dann, zermalmt durch die Grausamkeit der Folter, noch unter den Fäusten des Henkers, oder geben sie, durch die langen Leiden in dem finstern Kerker an Leib und Seele gebrochen, beim Wiedersehen des lichten Tages ihren Geist auf, dann jubelt man laut auf: sie hätten sich selbst Gewalt angetan (was allerdings infolge der fürchterlichen Folterqualen und des Kerkerschmutzes leicht wohl geschehen könnte), oder der Teufel habe ihnen den Hals gebrochen."

Welch eine furchtbare Anklage gegen das damalige Gerichtsverfahren, und doch hatte der Hexenwahn damals noch lange seinen Höhepunkt nicht erreicht! Den Hexenrichtern rief er zu:

„Aber wenn einst der erscheinen wird, dem nichts verborgen ist, der Herzen und Nieren erforscht, der Kenner und Richter auch der verborgensten Wahrheit, dann werden eure Werke offenbar werden. Ich lade euch vor den gerechtesten Richterstuhl des jüngsten Gerichtes! Da wird geurteilt werden zwischen euch und mir, da wird die begrabene und zertretene Wahrheit auferstehen, sich euch offen entgegenstellen und um Rache schreien für eure Mordtaten. Dann wird eure Kenntnis der evangelischen Wahrheit, mit welcher einige von euch so sehr sich brüsten, offenbar werden, und ihr werdet erfahren, wie viel euch das wahre Wort Gottes gegolten hat. Mit demselben Maße, mit welchem ihr gemessen habt, wird euch wieder gemessen werden."

In mehreren Abschnitten weist Weyer die Widersinnigkeit von Hexenbekenntnissen, andern durch Beschwörungen und Zauberformeln geschadet, sich in Werwölfe verwandelt zu haben, ausführlich nach und gibt aus Westfalen und Rheinland verschiedene Fälle an, in welchen Unschuldige mit dem Feuertode bestraft worden seien. Nicht immer aber lasse Gott solche Verbrecher ungestraft. Als einmal in Düren ein Hagel die Gärten zerstört habe und der Garten einer alten Frau verschont geblieben sei, habe man diese als Urheberin des Ungewitters in den Kerker geworfen und gefoltert. Während sie, mit schweren Gewichten an den Füßen belastet, in der Folter hing und ihre Unschuld beteuerte, gingen Richter und Henker ins Wirtshaus und fanden bei ihrer Rückkehr die Frau tot vor. Sie streuten nun aus, sie habe sich selbst das Leben genommen. Aber bald darauf verfiel der Richter in eine greuliche Tobsucht.

Weyers Buch erregte natürlich gewaltiges Aufsehen und erlebte mehrere Auflagen. Den gewünschten Erfolg hatte es jedoch nicht. Noch stand der schreckliche 30jährige Krieg, der auf die Entwicklung des Hexenwahnes so großen Einfluß ausüben sollte, bevor. Nichtsdestoweniger wird Weyers Name ruhmvoll genannt werden müssen, wenn von den Gegnern des Hexenwahnes die Rede ist.

Die Patres Adam Tanner und Paul Laymann.

Adam Tanner (zuweilen auch Thanner geschrieben), war zu Innsbruck im Jahre 1572 geboren. Mit 18 Jahren trat er in den Orden der Gesellschaft Jesu. Im Jahre 1632 starb er zu Unken. Seine Lebensschicksale interessieren uns hier nicht weiter. Nur sei eines Kuriosums bei seinem Tode gedacht. Pater Tanner starb in der Fremde. Die Bewohner des Hauses, in dem er gestorben war, entdeckten unter seinen wenigen Habseligkeiten, die er hinterließ, ein Vergrößerungsglas, in welchem eine Mücke eingeschlossen war. Sein Ordensgenosse, Pater Scheiner, hatte ihm dasselbe einst zum Geschenke gemacht. Als nun die Leute im Vergrößerungsglase das große, behaarte Tier mit Schnauze und langen Klauen in einem äußerlich so kleinen Gefäße eingeschlossen sahen, stieg bei ihnen sogleich der Verdacht auf, dieses häßliche Geschöpf sei nichts anderes als der Teufel, und der verstorbene Fremde sei ein Zauberer gewesen. Sie liefen zum Ortspfarrer und forderten ungestüm, daß diesem höchst verdächtigen Reisenden das christliche Begräbnis in geweihter Erde versagt werde. Der Ortspfarrer erklärte jedoch den Leuten den Sachverhalt; er entnahm die Mücke dem Glase, fing eine andere Mücke und setzte diese hinein. Dieses beruhigte die Leute, und so stand denn der Beerdigung des guten Paters Tanner kein Hindernis mehr im Wege. So hätte es ein Zufall fast gefügt, daß dieser Gelehrte, der so energisch gegen den Hexenwahn aufgetreten war, am Ende selbst für einen Zauberer gehalten wurde.

Pater Tanner hat vieles in lateinischer und deutscher Sprache geschrieben. Sein Hauptwerk ist Universa Theologia scholastica, speculativa, practica, das in vier Bänden in den Jahren 1626 und 1627 erschien. Eben in diesem Werke spricht er sich energisch gegen Hexenwahn und Hexenverfolgungen aus.

Pater Tanner bezweifelt, daß eine körperliche und wirkliche Uebertragung der Hexen durch den bösen Geist stattfinden könne. Er meint vielmehr, daß es meistens Träume und Selbsttäuschungen der Weiber seien, obschon sie selbst vor Gericht bestimmt aussagen, sie seien mit Leib und Seele vom Teufel entführt worden. Er führt mehrere Gründe für seine Ansicht an. Solche Frauen seien meistens geistesbeschränkt; darum sei dem Teufel ein Blendwerk bei diesen leicht möglich. Da ohne Zulassung Gottes überhaupt dem Teufel dergleichen nicht möglich sei, sei es wahrscheinlicher, daß ihm Gott bloß gestatte, durch Träume und Imaginationen (Einbildungen) seine Sklaven irrezuführen als durch eine äußerliche und tatsächliche Uebersetzung zu ergötzen.

Viele von den angeblichen Hexen seien in ihren Wohnungen durch Türen, Fensterbalken und Riegel so gut verwahrt, daß man sich nicht wohl eine Vorstellung machen könne, auf welche Weise sie der Teufel entführen könne ohne Lärm zu machen. Auf die Geständnisse der Hexen sei nicht viel zu halten, denn ihre Aussagen stimmen nicht überein. Und wenn sie behaupten, daß sie in Gestalt einer Katze, einer Maus oder eines Vogels vom Satan weggeführt worden seien, so liege gar kein Grund vor, dies für etwas anderes anzusehen, als für Phantastereien und leere Einbildungen; denn die Dämonen hätten nicht die Macht, einen Menschen oder menschlichen Körper in Tiere oder tierische Leiber zu verwandeln. Die Dämonen besäßen auch nicht die Gewalt, aus sich selbst (ohne Zulassung Gottes) den Menschen an ihrer Person oder an ihren Sachen zu schaden. Auch könnten sie dieses nicht durch die Hexen und Zauberer bewerkstelligen, ausgenommen den Fall, wenn diese giftige Salben oder sonst Mittel anwenden, welche den Menschen auf natürliche Weise schädlich sind.

Ueber die Prozeßführung äußert Pater Tanner, die Richter sollten vor allem in einer solchen Ordnung vorgehen, wie sie der Vernunft und der natürlichen Billigkeit entspreche. Auch bei diesen sogenannten „ausgenommenen" Verbrechen sollen die Richter darauf achten, daß nicht aus einem solchen Prozesse auch eine Gefahr für Unschuldige entstehe. Wie groß ist die Schmach, wie schwer sind die Qualen, denen Unschuldige ausgesetzt sein können, wenn sie jahrelang in Prozesse wegen angeblicher Zauberei und Hexerei verwickelt sind. Wie groß ist der Schaden, der daraus für viele Familien und manchmal sogar für vornehme entsteht. Denn niemand wird so schwachsinnig sein, daß er solche Prozesse, die seiner Familie zustoßen, für gering achtet.

Es wäre doch auch eine Unehre für die katholische Kirche selbst, wenn sogar solche Personen, die früher eines guten Rufes sich erfreuten, die heiligen Sakramente oft empfangen usw., nun auf einmal der Zauberei angeklagt und bestraft würden. Manche wähnen wohl, Gott werde nicht zulassen, daß bei den Prozessen gegen die Hexen viele Unschuldige von der Obrigkeit bestraft würden, allein diese Meinung sei ganz falsch, denn es könne gar wohl geschehen, — wenn das Gerichtsverfahren nicht auf regelmäßige Weise stattfindet — daß Gott zulasse, daß unter mehreren Schuldigen auch Unschuldige ins Verhör kommen. Gott hat es ja auch geschehen lassen, daß bei den alten Christenverfolgungen so viele unschuldig gemartert wurden, und wie viele rechtschaffene Leute müssen im Kriege leiden, wie oft werden die Heere, die das Recht verteidigen, geschlagen und vernichtet.

Als Grundsatz müsse gelten, daß jene, welche wegen angeblicher Zauberei oder Hexerei in Gefangenschaft genommen werden, ordentlicherweise nicht schon für Schuldige zu halten seien. Daraus folgt, daß man ihnen die Möglichkeit geben müsse, sich von den angeschuldigten Verbrechen reinigen und in Freiheit setzen zu können. Jenes Bekenntnis, welches durch die Tortur, ohne andere genügende Beweise, erpreßt wird, ist für nichts zu erachten, und jeder darauf sich stützende Urteilsspruch sei ungültig.

Wegen der Anzeigen von angeblichen Hexen allein, wenn sonst keine Beweise vorhanden sind, darf niemand gefoltert oder gar verurteilt werden. Diese Ansicht scheine zwar der Ansicht mancher Gelehrten und Richter zu widerstreiten, allein, er stütze sich auf die Vernunft. Denn entweder seien die Denunzianten wirklich, wie sie von sich selbst aussagten, Hexen und Zauberer, oder nicht. Sind sie es nicht, so lügen sie über sich selbst und wissen nichts von andern Mitschuldigen, um so mehr, da dieses Verbrechen ein geheimes ist. Sind sie aber wirklich, wie angenommen wird, Hexen und Zauberer, so sind sie, vermöge der Natur dieses Verbrechens solche Personen, von denen man annehmen muß, daß sie allen, besonders unschuldigen Personen, auf jede Weise schaden und also vornehmlich durch eine falsche Aussage ihnen eine Verurteilung zuziehen wollen. Wie könnte also ihre Aussage von solchem Gewichte sein, daß sie genüge, Leute, welche bis jetzt eines guten Rufes sich erfreuten, einzukerkern und mit den schrecklichen Torturen zu peinigen?

Wie wenig Wert so manche Denunziationen haben, und wie gefährlich und töricht es sei, auf derlei Angaben die peinliche Frage zu stellen, zeigt Pater Tanner an ein paar Beispielen. Er führt hier unter anderm das auf Seite 43 angeführte Beispiel an, wo eine Frau sich beschuldigt, jemanden einen Schimmel umgebracht zu haben und einen Wirt, der zum Gaudium der Zuhörer leibhaftig unter ihnen stand.

Es sei ferner wünschenswert, daß der Willkür der Richter in der Fragestellung gesteuert werde. Denn nicht überall werden zu diesen Prozessen die gelehrtesten und weisesten Richter berufen, manche Richter sind von einer wahren Wut zu strafen erfüllt; es fehlt ihnen Mäßigung und Erfahrung, und daher entsteht die Gefahr, daß die Gerechtigkeit verletzt und schuldlosen Menschen großer Schaden zugefügt wird. Man soll daher dem freien Belieben der Richter möglichst Schranken setzen. Die angeschuldigten Hexen, die oft ganz ungebildete, einfältige Personen sind, sollen Verteidiger erhalten. Die Namen der Ankläger und Zeugen sollen dem Angeklagten bekannt gemacht werden. Auf die bloße Anzeige von angeblich Mitschuldigen hin soll nicht unverzüglich die Tortur angewendet, sondern die Sache erst reiflich untersucht und erwogen werden. Endlich soll man bei wirklicher Anwendung der Tortur das schuldige Maß beobachten und alles vermeiden, was der natürlichen Ehrbarkeit und Schamhaftigkeit zuwiderläuft.

Schließlich empfiehlt Pater Tanner nochmals mit allem Nachdrucke die Anwendung geistiger Mittel zur Ausrottung des Lasters der Zauberei. „Es ist gewiß, daß zu diesem Zwecke die geistigen Mittel viel wichtiger sind als irgend andere.“ Zu diesen geistigen Waffen zählt er auch **eine gute Erziehung der Jugend und einen fleißigen Unterricht derselben in der heiligen Religion.**

Das sind die wichtigsten Ansichten Tanners über die Hexenprozesse. Bemerkt möge noch das Urteil zweier Hexenrichter werden, das sie nach der Lesung von Tanners Werk über den Verfasser fällten: Wenn sie ihn in die Hände bekämen, würden sie ihn sogleich auf die Folter spannen. — Der gute Pater Tanner schadete ihnen eben sehr in ihrem unrühmlichen Gewerbe.

Im Anschlusse an diese Ausführungen sei auch noch des Jesuiten Paul Laymann gedacht, eines Landsmannes Tanners, der sich ebenfalls gegen die Ausschreitungen in den Hexenprozessen wandte, obschon er sich in dieser Sache nicht einen so großen Ruhm erworben hat, wie sein Ordensgenosse. In seiner Quaestio undecima stellte er folgende Grundsätze auf: 1) Man soll die Hexen nicht sogleich nach der Einkerkerung der Tortur unterwerfen, weil anzunehmen ist, daß sie aus Schrecken über ihre Verhaftung in solche Verwirrung geraten sind, daß sie Verbrechen gestehen, die sie nicht begangen haben. 2) Man soll ihnen, bevor über sie die Tortur verhängt wird, Verteidiger geben; das verlange ja schon das Naturrecht. 3) Die Tortur soll nicht in einem solchen Grade angewendet werden, daß in Anbetracht der individuellen Körperbeschaffenheit dieses oder jenes Angeklagten mit Recht vorausgesetzt werden muß, derselbe sei nicht imstande, sie zu ertragen und werde also zu einem Geständnis gezwungen, er sei schuldig oder nicht schuldig. 4) Während der Tortur soll der Richter kein Verhör mit dem Gefolterten anstellen noch dessen Aussagen niederschreiben lassen, sondern erst, nachdem die Tortur vorüber ist. Denn ein Bekenntnis, das unter der Tortur gemacht wird, müsse als ein durch Furcht erpreßtes angesehen werden. 5) Besonders wichtig ist, daß der Angeklagte nicht aus Furcht vor der Tortur genötigt werde, Mitschuldige anzugeben. Ein solches Bekenntnis müsse als ungültig betrachtet werden . . . Pater Laymann verwirft schließlich den barbarischen Gebrauch, sogar die Leiber jener Hexen zu verbrennen, welche im Kerker gestorben sind, bevor sie ein Geständnis abgelegt haben oder des angeschuldigten Verbrechens überwiesen worden sind.

Sehr bezeichnend sind noch folgende Worte Laymanns: „Es ist jetzt so weit gekommen, daß, wenn solche Prozesse noch länger fortgesetzt werden, ganze Dörfer, Märkte und Städte veröden, und daß niemand mehr sicher sein wird, nicht einmal Geistliche und Priester.“

Pater Laymann starb in Konstanz an der Pest.

Girolamo Tartarotti und P. Ferdinand Sterzinger.

Girolamo Tartarotti, geboren im Jahre 1702 zu Roveredo, gehörte dem italienischen Tirol an. Seine Tätigkeit fällt schon mehr in eine Zeit, in der die Hexenprozesse ihren Höhepunkt überschritten hatten und sich in absteigender Linie bewegten. Tartarotti war kein Ordensmann, sondern Weltpriester. Ueber sein Leben wollen wir uns nicht weiter verbreiten, da wir es mit ihm hier nur als Bekämpfer des Hexenwahnes zu tun haben. Seine Ansichten über diesen Wahn hat er niedergelegt in dem Werke: Del Congresso notturno delle Larnie. Vorzüglich bekämpft er den Wahn über die Hexentänze und nächtlichen Zusammenkünfte mit dem Teufel.

„Man behauptet, die Hexen begeben sich mit solcher Schnelligkeit durch die Lüfte zu ihren Sammelplätzen, daß kein Vogel und kein Pfeil, ja kaum der menschliche Gedanke ihnen nachfolgen könnte. Wie sollte dies aber möglich sein für menschliche Lungen, ohne sich der Gefahr des Erstickens auszusetzen? Und wenn wirklich die Hexen vermögen, wie ebenfalls behauptet wird, durch die kleinsten Oeffnungen, Türspalten usw. ihren Ausgang zu nehmen, warum benutzen sie nicht diese Fertigkeit, wenn sie gefangen sind, sich aus dem Kerker zu befreien? Um klar einzusehen, daß die Aussagen von ihren nächtlichen Fahrten, Zusammenkünften mit dem Teufel, von ihren Gastereien und Banketten zur Nachtzeit nur phantastische Einbildungen sind, darf man bloß die Personen betrachten, die als Hexen und Zauberer gelten. Es sind meistens ungebildete, einfältige Leute vom Lande, gewöhnlich in Gegenden wohnend, die wenig kultiviert und fruchtbar sind. Ein erfahrener Schriftsteller beschreibt ihr Aeußeres und ihr Temperament also: „Sie sind abgemagert, entstellt, mit stechenden Augen, von gelber Gesichtsfarbe, so daß man auf den ersten Blick ihnen ihr schwarzgallichtes und melancholisches Gemüt ansieht. Sie sind verschlossen, eigensinnig, hartnäckig in ihren Meinungen, und so standhaft in ihren Aussagen, daß, wenn man einzig ihre Worte berücksichtigen wollte, mit welcher

Tartarotti.

Beharrlichkeit sie von Dingen reden, die niemals waren noch sein konnten, man diese in der Tat für wahr annehmen müßte.“ — Kurz, es sind K r a n k e, und sie brauchen eine angemessene Kur, um von ihren fixen Ideen geheilt zu werden.“

Andere Gründe gegen die Wirklichkeit der nächtlichen Zusammenkünfte der Hexen findet Tartarotti in den unwahrscheinlichen, unvernünftigen und lächerlichen Umständen, die dabei nach der Angabe derjenigen Schriftsteller, welche über die Hexensabbate berichten, vorgekommen sein sollen, z. B. daß sogar kleine Kinder daran teilgenommen, daß die Hexen bei ihren Tänzen stets sich nach links bewegten, daß sie den Teufel dadurch verehren, daß sie ihm den Rücken zukehren und dergleichen Unsinn mehr.

Endlich führt Tartarotti als Grund gegen die Wirklichkeit der Hexenkongresse an, daß so oft Unschuldige als Teilnehmer an denselben denunziert und häufig bestraft worden sind, welche niemals dabei gewesen waren. P. Spee, auf den sich Tartarotti beruft, gibt mehrere solche Fälle an.

„Es darf uns nicht befremden, wenn wir hören, daß die Hexen, sobald sie sich mit ihren Salben eingerieben, gleich in einen tiefen Schlaf versinken. Diese Wirkung der Hexensalbe läßt sich leicht aus ihrer Zusammensetzung erklären; denn ihre Bestandteile sind, wie man bei der Untersuchung gefunden hat, so beschaffen, daß sie einen betäubenden, einschläfernden Einfluß ausüben. Pier Gassendi erzählt, daß ein angesehener Senator, der Zauberer und Hexen zu verhören hatte, eine solche Hexensalbe bereiten und sich damit einreiben ließ. Hierauf verfiel er in einen so starken Schlummer, daß er wie halbtot schien, und nachdem er endlich aufgewacht war, vermochte er lange nicht sich zu sammeln und schilderte die merkwürdigen Dinge, die er gesehen, und daß er von Felsen zu Felsen gesprungen, gleichsam geflogen sei."

Ferdinand Sterzinger, geboren 1721 im Unterinntale, gehörte dem Theatinerorden an. In seiner Schrift „Betrügende Zauberkunst 2c.," schreibt er: „Es ist nicht zu zweifeln, daß der Glaube an die Hexerei und Zauberkunst unserer heiligen Religion mehr als der Unglaube nachteilig sei; denn wenn wir glauben, daß der Teufel allen jenen Menschen erscheine, die ihm ihre Seelen durch geheime oder ausdrückliche

Bündnisse verpflichten, ihn anrufen, oder durch abergläubische Zeremonien beschwören, daß er ihnen ihren bösen Willen erfülle und Wunder wirke, sperren wir den Gottlosen und Verruchten, den Verzweifelten oder Unglücklichen Tür und Angel auf, ihre Zuflucht zu dem Satan zu nehmen, um zu ihren Absichten zu gelangen . . . O, daß man erwägte, daß die Heiligkeit und Wahrheit unserer Religion so lächerlicher und falscher Schminke, als die Behauptung der so nichtigen Zauberwerke nicht nötig hat! Ist denn nicht der Reinigkeit unserer Religion höchst zuwider, daß wir dem Satan eine Gewalt zueignen, die nur der Allmacht Gottes allein zusteht, und daß wir Gott und seine Allmacht dem Willen eines verstoßenen Geistes oder eines alten Weibes oder eines boshaften Betrügers unterwerfen? Ist es wahrscheinlich, daß Gott, nachdem er uns durch seine Propheten, Apostel und Erblehre der Väter versichert, daß durch die Menschwerdung des göttlichen Sohnes dem Satan alle Gewalt benommen sei, das menschliche Geschlecht durch Zauberwunder zu äffen und zu verführen, dergleichen noch zulassen werde?"

„Die Erfahrung lehrt uns auch: Erstens, daß der Satan mit seinen Versuchungen das Menschengeschlecht immerfort plage; zweitens, daß ihm die Gewalt nicht benommen sei, aus verborgener Fügung Gottes vom Leibe eines Menschen Besitz zu nehmen, und drittens, daß noch ein sehr großer Teil des Erdkreises dem blinden Heidentum anhange. Daß es aber eine wahre und wirkliche Zauberkunst oder eine tätige Hexerei gebe, könne niemand beweisen." . . .

Noch schwächer stehe es mit den Vernunftgründen. Wie könnten von der Vernunft die Geschichten von den Bündnissen mit dem Teufel, von den Luftfahrten der Hexen und ihren Zusammenkünften, von den

Wundertaten, welche die Hexen angeblich mit Hilfe des Satans zu verrichten imstande sind, und von den übrigen Hexendingen erhärtet werden? Ebenso lehrt die Vernunft, daß kein Mensch, also auch keine Hexe, den bösen Geist in den Leib des Nächsten bannen oder übersetzen könne. Er leugne zwar keineswegs, daß es Besessene gebe, wohl aber, daß eine Hexe dies bewirkt habe. Uebrigens sagt der gelehrte Papst Benedikt XIV.: „Viele stellen sich so, als ob sie wirklich besessen wären, entweder um ein Almosen zu erbetteln oder weil sie von den Aerzten verlassen, Hilfe bei den Exorzisten suchen."

Hermann Wilcken, Johann Gödelmann und Christian Thomasius.

Hermann Wilcken, genannt Witekind, war Professor in Heidelberg. Er leugnete nicht ganz und gar den Hexenglauben, trat aber für eine menschlichere Behandlung der armen Angeklagten ein. Ueber die Zusammenkünfte der Hexen äußerte er sich in folgender Weise: „Wenn jemand meint, die Hexen hielten auf ihren Tanzplätzen Gastereien, sie äßen und tränken dort, so sei ihm geantwortet, daß sie nicht dorthin kommen. Und wenn sie wirklich dahin kämen, so führen sie ebenso hungrig wieder davon, wie sie gekommen wären. Hätten die Richter die Tanzplätze der Hexen auch am folgenden Tage nach den angeblich gehaltenen Tänzen besehen, so würden sie dort keine Fußtritte gefunden und keinen Grashalm zertreten vorgefunden haben. Die ganze Sache ist nur

Phantasie . . . Was ihr Bekenntnis von Menschen und Vieh, das sie krank machen und bezaubern sollen, anlangt, hätte man untersuchen sollen, ob die Krankheit durch Gift, Hauen, Stechen, Werfen oder Schlagen entstanden sei . . . Denn davon, daß jemand mit der Hand über ein Tier streicht, erkrankt und stirbt es nicht. Und wenn sie Kräuter, Salben und Pulver gebrauchen, so soll man Aerzte und Naturkundige fragen, ob diese Kräuter &c. solche Kraft haben." (Wir haben ja heute eine ganze Menge von Giftpflanzen, deren Genuß Betäubung, Erbrechen usw. und sogar den Tod im Gefolge hat.) Ich habe neulich ein Pulver in meinem Hause gehabt," fährt Wilcken fort, „das meines Bedenkens Ruß aus dem Schornstein war. Dieses sollte der Teufel einem Zauberer in einer Eierschale gegeben haben, damit er hiermit Schaden anrichte, unter andern seinem Junker auf eine Brücke legen, damit er, wenn er darüber ginge, krank würde. Wenn das Pulver solche Kraft gehabt hätte, würden auch andere Leute, die über die Brücke gingen, krank geworden sein."

„Und wenn wirklich ein solches Weib ein Pferd, Rind, Schaf oder einen Hund tötet, ist es dann nicht genug, daß sie es bezahlt und in sonstiger Weise für den Frevel gestraft wird? Ein Mensch und ein Vieh ist eine ungleiche Sache."

Entschieden Front macht Witekind gegen die Aussagen der angeblichen Hexen. „Bei den Angaben der Hexen wird nicht betrachtet und bedacht, was das Recht und die Billigkeit fordern, nämlich daß man den Zeugen für wahrhaft halte. Nun ist aber der Teufel, auf dessen Eingebung und in dessen Namen die Zauberinnen auf andere einwirken, ein öffentlicher und in aller Welt und zu allen Zeiten bekannter Lügner, ja, der Vater der Lügner, wie ihn die

Heilige Schrift nennt. Es soll ferner der Zeuge dem andern, gegen den er Zeugnis ablegt, nicht feindlich gesinnt sein. Nun ist aber der Teufel, der solcher Weiber Gemüter und Rede regiert, nicht allein diesem oder jenem Menschen feindlich gesinnt, sondern allen Menschen, daß er uns, wie man zu sagen pflegt, in einem Löffel ertränken könnte, er dazu keine Schüssel halte. Dann soll ein Zeuge ehrlich sein und einen guten Namen und Leumund haben. Diese Weiber aber sind verleumdet und ehrlos gehalten. Ferner soll ein Zeuge seine Vernunft haben, nicht kindisch, närrisch und aberwitzig sein. Diese Weiber sind in ihrem Sinne verrückt und verwirrt, daß sie nicht wissen, was sie reden, sowohl nicht von sich selbst und von andern . . ."

„Ich habe eine Fürstin gekannt, eine gütige Matrone, die bei ihrem Herrn (der ohnedies gnädig und glimpflich war und zuletzt in seinem Lande die Hexenbrände abgeschafft hat) anhielt, er möge die armen Weiber schonen. Da das der gemeine Pöbel vernommen hat, wurde sie selbst als Zauberin bescholten. Eine solche Bestie und unvernünftiges Tier ist das gemeine Volk. Wenn deshalb die Obrigkeit an dessen Urteil und Plaudern sich kehrt, so kann sie kein gutes Regiment führen."

In einem Orte waren fünf Hexen eingekerkert worden; sie wollten aber nichts gestehen. Da ließ man einen Zauberer kommen, dieser legte den Angeklagten ein Kräutlein in den Schoß, und jetzt bekundeten die Weiber, was man zu wissen wünschte. Gegen dieses Verfahren eifert Witekind:

„Es ist vor der Welt ein unbilliger Handel, daß man die Weiber, die kleinen, schwachen Zauberinnen, ins Feuer stellt, und den Mann, den großen, starken Zauberer nicht allein hat ungestraft gehen lassen, sondern auch noch reichlich bezahlt hat . . . Der Bube hätte zuerst brennen müssen. Wenn den Hexen mit dem Verbrennen recht geschehen ist, so ist diesem Zauberer unrecht geschehen und das Gesetz Mosis, worauf man sich beruft, samt dem kaiserlichen weit übersehen worden."

„Wenn jemand mein Mitleid mit den Hexen eine alberne Einfalt nennt, dem lasse ich seine vielfältige Weisheit gefallen. Er sehe aber zu, daß er hier nicht zu weise sei, wie ich zu albern bin. Lieber will ich zu barmherzig sein als zu rauh . . . Doch bestätigen mich in meiner Meinung viel hochverständige, gelehrte und ungelehrte Männer, die ob dieser Strenge und Teufelsbrandopfern ein Unwillen, Mißfallen und Abscheu haben. Etliche wohlgesinnte und glimpfliche Amtsleute wollen mit solcher Folterung und solchem Gericht nichts zu tun haben. Sie begehren und wünschen, daß eine Milderung eintrete und Maß gehalten werde und daß man solche Weiber eher zum Arzte und Priester als zum Richter und Schultheiß führen solle, damit sie von ihrem Aberwitz, ihrer Unsinnigkeit und ihrem Unglauben geheilt werden."

Johann Gödelmann war Professor an der Universität in Rostock. Gödelmann glaubte an wirkliche Zauberkünste, an übernatürliche Krankheiten, an einen wirklichen Bund mit dem Teufel, aber er glaubte nicht an einen Bund der angeblichen Hexen mit dem Teufel; diese würden bloß durch allerlei Einwirkungen vom Teufel verführt.

„Die Hexen gestehen entweder Mögliches oder Unmögliches. Möglich ist, daß sie Menschen und Tiere durch ihre magischen Künste und Zaubereien töten; dann müssen sie nach der Karolina verbrannt werden. Unmöglich ist, daß sie zum Schornstein hinausfliegen, sich in Tiere verwandeln usw.; dann sind sie nicht zu strafen (wenn sie dieses glauben getan zu haben), sondern sie sind zu unterrichten. Gestehen sie einen Vertrag mit dem Teufel, so sind sie mit Verbannung oder, wenn sie reuig sind, mit einer Geldstrafe zu bestrafen. Diese Strafe soll ihrem Leichtsinn gelten, weil sie den teuflischen Einflüsterungen nicht standhaft genug widerstanden, ja, denselben sogar zugestimmt haben."

In einem Gutachten sagt Gödelmann:

„Da liegen die elenden blöden Weiber im Finstern, wo der Engel der Finsternis lieber und mächtiger ist, als anderswo . . . Hier beredet und bedroht der Teufel auch diejenigen, welche keine Hexen sind, daß sie seine Genossen werden. Nach dem Teufel kommt der Henker mit seinem greulichen Folterzeug . . . Auf solche gezwungenen, falschen nichtigen Bekenntnisse werden die armen Weiber dann verurteilt und hingerichtet. Sie wollen lieber sterben, als in solchem Gefängnis vom Teufel und Henker so greulich gepeinigt werden."

„Was das Reiten und Fahren der Hexen auf Böcken, Besen, Gabeln, Stecken nach dem Blocksberg oder Heuberg zum Wohlleben und zum Tanz . . . anbetrifft, achte ich nach meiner Einfalt dafür, daß es lauter Teufelsgespenst, Betrügerei und Phantasie sei. Desgleichen ist es Phantasie, so etliche glauben, die Hexen könnten sich in Katzen, Hunde und Wölfe verwandeln."

„Endlich wird auch den Hexen zugeschrieben, daß sie böse Wetter machen können, so doch Wettermachen Gottes und keines Menschen Werk ist, er sei so witzig und mächtig als er wolle; geschweige, daß ein altes, kraftloses, tolles Weib solches vermöge. Derentwegen kann kein Richter jemand auf solche Weise peinigen, viel weniger töten, weil solcher Sachen in der Peinlichen Halsordnung mit keinem Worte gedacht ist. Es ist zu erbarmen, daß hin und wieder in Deutschland jährlich soviel hundert aberwitzige Weiber, die oftmals zu Hause nichts zu beißen und zu brechen haben

Christian Thomasius.

und in großer Sorge leben, . . . auf solche närrische und phantastische Bekenntnisse verbrannt werden, denn je mehr man ihrer umbringt, je mehr werden ihrer. Solche Leute mit verrückten Sinnen solle man lieber zum Arzt als zum Feuer führen."

Christian Thomasius, geboren 1655 zu Leipzig, gestorben 1728 zu Halle, trat gegen den Hexenwahn mit aller Entschiedenheit und einem Freimut auf, daß er seines Freimuts wegen sich manche Feinde erwarb. Thomasius fand schon eine Anzahl Werke gegen den Hexenwahn vor, und es waren die Hexenbrände schon gewaltig im Erlöschen begriffen. So waren für ihn die Wege geebnet, um diesem Wahne den letzten Todesstoß zu versetzen. Dieses war um so leichter, da sein Landesherr, Friedrich Wilhelm I. von Preußen, ein ausgesprochener Gegner des Hexenwahnes war, wie schon Seite 133 gezeigt wurde. So fand er in diesem Fürsten einen gewaltigen Rückhalt, um die Wahrheit ungeschminkt zu verkünden, was bei den ersten Bekämpfern des Hexenwahnes leider nicht der Fall war. Thomasius war Professor in Halle.

Nachdem wir Stimmen aus dem Süden und Norden Deutschlands, Stimmen von katholischen und protestantischen Männern wider die unmenschlichen Hexenprozesse gehört haben, bleibt uns noch ein Mann übrig, der als besonderer Bekämpfer des Hexenwahns bekannt und berühmt ist. Dieser Mann ist der Jesuitenpater Friedrich von Spee, mit dem wir dann auch die Reihe der Gegner schließen wollen.

Sowie es Gegner des Hexenwahnes und der Hexenprozesse gab, so gab es natürlich auch Verteidiger desselben und zwar nicht nur unter den Richtern und Henkern, die durch diese Prozesse reich wurden, sondern auch unter Gelehrten und Ungelehrten, ja sogar unter den katholischen Priestern und den protestantischen Predigern. Sie waren eben Kinder ihrer Zeit, und der Hexenwahn war innig mit dem Zeitgeiste verwachsen. Doch wollen wir die Ausführungen der Verteidiger des Hexenwahnes hier nicht weiter würdigen, da wir die Leser nicht im Hexenglauben bestärken, sondern sie von dem Unsinne überzeugen wollen, damit er allmählich aus den Köpfen der Menschen verschwinde.

Die genannten Bekämpfer des Hexenwahnes sind natürlich nicht die einzigen; wir haben nur diese aus der großen Zahl herausgegriffen. Ueber die Gegner des Hexenwahnes ließe sich ein besonderes Buch schreiben. Erwähnt seien noch der reformierte Pastor Balthasar Bekker in Amsterdam mit seinem bedeutenden Werke „Die bezauberte Welt", der Arzt Ewich in Bremen, Fabrizius, Arzt in Bern (Schweiz) und Kornelius Loos, ein geborner Holländer, der seinen Freimut schwer büßen mußte.

Der Jesuitenpater Friedrich von Spee.

Zum Schlusse bleibt uns noch übrig, das Bild eines Mannes zu zeichnen, der heute bei Freund und Feind wegen seines entschiedenen Auftretens gegen den Hexenwahn in ruhmvollem Angedenken steht; es ist der edle Jesuit Friedrich von Spee.

Die Wiege dieses Mannes stand im schönen Rheinlande, in Kaiserswerth. Hier wurde er 1591 geboren. Im Jahre 1610 trat er als Novize in den Jesuitenorden ein. Von 1621 bis 1624 war er Professor der Moral in Köln. Im Jahre 1624 wurde er nach Paderborn versetzt. Von 1627 an wirkte er in Bamberg und Würzburg, und hier hatte er Gelegenheit, den Hexenwahn in voller Blüte kennen zu lernen und den armen Verurteilten als Beichtvater in ihren letzten Stunden hilfreich beizustehen und sie zum Richtplatze zu begleiten. Gegen 200 Personen hat er dorthin begleitet, und wie sehr sein Herz blutete über diesen unseligen Wahn, sieht man aus folgenden Worten:

„Die christliche Liebe hat mich entzündet und brennt mich in meinem Herzen, daß ich es nicht lassen kann, mich nach meinem Vermögen ins Mittel zu legen, damit nicht dieses Feuer durch unruhige Leute weiter aufgeblasen und auch auf die Unschuldigen getrieben werde."

Spee war von der Unschuld der Hingerichteten völlig überzeugt, wie man aus folgendem Satze ersieht: „Ich schwöre feierlich, von den vielen, welche ich wegen angeblicher Hexerei zum Scheiterhaufen begleitete, war keine einzige, von der man, alles genau erwogen, hätte sagen können, daß sie schuldig gewesen wäre, und das gleiche gestanden mir zwei andere Theologen von ihrer Erfahrung! Aber behandelt die Kirchenobern, behandelt die Richter, behandelt mich ebenso wie jene Unglücklichen, werft uns auf dieselben Foltern — **und ihr werdet uns alle als Zauberer finden!**"

Hieraus ersehen wir so recht wieder die entsetzliche Arbeit der Folter.

Der spätere Bischof Johann Philipp von Schönborn von Würzburg lernte als junger Priester Friedrich von Spee in Würzburg kennen und schloß innige Freundschaft mit ihm. Die Haare des Jesuitenpaters Spee waren früh ergraut, und der junge Kanonikus von Schönborn fragte ihn einst nach der Ursache dieser auffallenden Erscheinung. Friedrich von Spee erwiderte ihm:

„Das rührt von den Hexen her, die ich zum Scheiterhaufen begleitet habe." Schönborn wunderte sich über diese Antwort, und Spee löste ihm das

Rätsel, indem er erzählte, er habe durch alle Nachforschungen in seiner Stellung als Beichtvater bei keinem von denjenigen, die er zum Tode vorbereitet, etwas gefunden, woraus er sich hätte überzeugen können, daß ihnen das Verbrechen der Zauberei mit Recht wäre zur Last gelegt worden. Einfältige Leute hätten sich auf seine beichtväterlichen Fragen, aus Furcht vor wiederholter Tortur, anfänglich allerdings für Hexen ausgegeben. Bald aber, als sie sich überzeugten, daß vom Beichtvater nichts zu besorgen sei, hätten sie Zutrauen gefaßt und aus ganz anderm Tone gesprochen. Unter Weinen und Schluchzen hätten alle die Unwissenheit oder Bosheit der Richter und ihr eigenes Elend bejammert und noch in ihren letzten Augenblicken Gott zum Zeugen ihrer Unschuld angerufen. Die häufige Wiederholung solcher Jammerszenen habe einen so tiefen Eindruck auf ihn gemacht, daß er vor der Zeit grau geworden sei.

Das Mitleid mit den vielen Unglücklichen bewog ihn denn auch sein berühmtes Werk Cautio criminalis seu de processibus contra sagas liber ad Magistratus Germaniae hoc tempore necessarius: tum autem consiliariis et confessariis principium, inquisitoribus, judicibus, advocatis, confessariis reorum, concionatoribus, judicibus, ceterisque lectu utilissimus. Auctore incerto Theologo orthodoxo. Rintelii, typis exscripsit Petrus Lucius typogr. et cod. MDCXXXI herauszugeben. Dieses Werk erregte ungeheures Aufsehen, und im folgenden Jahre erschienen von demselben neue Auflagen in Köln und Frankfurt a. M. Es war in lateinischer Sprache geschrieben und, wie uns der Titel zeigt, in Rinteln im jetzigen Regierungsbezirk Kassel, verlegt. Der Verfasser hatte seinen Namen nicht genannt, so daß man anfangs einen protestantischen Verfasser unter dem Anonymus suchte, zu welcher Annahme auch wohl der Ort des Verlags beigetragen haben wird. Friedrich von Spee war jedoch der Verfasser, wie er selbst seinem Freunde, dem vorhin genannten Philipp von Schönborn, bald nach Erscheinen des Werkes gestand. (Sobald von Schönborn Bischof und Reichsfürst wurde, hörten in seinem Gebiete die Menschenbrände auf, was wohl indirekt Friedrich von Spee, der damals schon längst im Grabe ruhte, zuzuschreiben ist. Spee starb nämlich schon in jungen Jahren, im Jahre 1635 zu Trier.)

Warum gab Friedrich von Spee dieses Werk heraus, ohne seinen Namen zu nennen? Er gibt uns darauf selbst die Antwort: Zunächst wurde die Wirksamkeit der Jesuiten als Beichtväter der Angeschuldigten von den Hexenrichtern sehr ungern gesehen, ja sogar verdächtigt; wurde doch der Rektor der Jesuiten in Trier als Zauberer angeklagt und verurteilt. Er würde nicht nur sein Leben aufs Spiel gesetzt, sondern auch die Stellung der übrigen Mitglieder seines Ordens erschüttert haben. Nicht mit Unrecht ruft Spee denn auch in diesem Werke aus: „O, welche Freiheit in diesen Zeiten!“ Auf dem Titel bezeichnet Spee sein Werk für die deutschen Magistrate notwendig und für die Räte, Richter 2c. als nützlich. Es wurde im Jahre 1649 von dem protestantischen Pfarrer Hermann Schmidt in Siegen ins Deutsche übersetzt.

Spee zeichnet die Feinde der Hexen oder die Förderer des Hexenwahnes in folgender Weise: „Die Gegner erster Art sind jene Theologen und Prälaten, welche mit ihren Spekulationen und ihrem Studierzimmer zufrieden sich der tiefsten Ruhe erfreuen. Was draußen geschieht, was für ein Unrat in den Kerkern ist, wie schwer die Ketten lasten, wie sehr die Werkzeuge der Tortur peinigen, wie groß die Klagen der armen Gefangenen sind, — dies und Aehnliches hat ihnen nie die Erfahrung gelehrt. Die Gefängnisse besuchen, mit armseligen Leuten sprechen, sich herabneigen zu den Klagen der Elenden — das paßt nicht zu ihrer Würde und ihrem Berufe. Was können sie also von solchen Dingen verstehen? — Zu diesen geselle ich gewisse Männer, die zwar fromm aber gänzlich unerfahren sind in den Welthändeln und die Schlechtigkeit der Menschen nicht kennen. Weil sie selber einfach und gutmeinend sind, halten sie auch alle Richter und Inquisitoren in diesen Prozessen für wohlgesinnt und glauben, man tue den Gerichten das höchste Unrecht, wenn man selbe nicht für so erhaben ansieht, daß sie gar nicht irren können. Wenn nun solche Männer allerlei Geschichten von Zauberkünsten hören oder lesen und die Bekenntnisse vernehmen, welche durch die Tortur ausgepreßt wurden, dann halten sie alles gleich für so wahr wie das Evangelium und sind mehr vom Eifer als von der Wissenschaft aufgebläht. Sie rufen: Ein solches Verbrechen dürfe nicht geduldet werden! Alles sei angefüllt von Teufeleien, man müsse also mit aller Kraft gegen diese Pest sich erheben u. dergl. mehr.

Die Gegner zweiter Art sind die Juristen, jene nämlich, welche allmählich zur Einsicht gekommen sind, daß es für sie ein sehr lukratives Geschäft wäre, wenn sie als Hexenrichter bestellt würden, und deswegen danach die Hände ausstrecken. (An einer andern Stelle der Cautio criminalis schreibt Spee, daß in manchen Gegenden die Hexenrichter keinen andern Gehalt bezogen als für jeden Kopf einer Hexe eine gewisse Summe, z. B. vier bis fünf Taler. Sie mußten sich also ihren Lebensunterhalt eigentlich „erbrennen“. Entsetzlich! So braucht es uns gar nicht zu wundern, daß manche Hexenrichter wahre Hexenjäger waren.)

Die dritte Art ist das rohe, insgemein neidische und böswillige Volk, das sich an seinen Feinden durch

Verleumdungen rächt und im Ehrabschneiden vorzüglich die Unterhaltung sucht. Ich sage nur kurz dieses, daß es heutzutage Sitte beim Volke ist, sogleich, wenn nicht die Obrigkeiten auf jedes nichtige Geschwätz des Volkes hin augenblicklich einkerkern, foltern und brennen lassen, das Geschrei zu erheben: sie (die Obrigkeiten) seien bestochen von den Reichen; jede vornehmere Familie in der Stadt sei der Zauberei ergeben. Mit den Fingern fast könne man die Hexen bezeichnen; daher getrauen sie sich nicht einzuschreiten — und ähnliche Reden mehr, welche deutlich zeigen, wie groß die Bosheit des Volkes ist."

Das sind geradezu furchtbare Anklagen, die Friedrich von Spee erhebt, und wir können die Wahrheit seiner Ausführungen nicht bezweifeln, da Spee den Hexenwahn durch und durch kannte und seine edle Natur über jede Unwahrheit erhaben ist. Obwohl er von edler Geburt war, scheute er sich nicht, in die Kerker hinabzusteigen und die Unglücklichen zu trösten, auf den Tod vorzubereiten und zur Richtstätte zu begleiten.

In welcher Weise unbescholtene Personen in den Verdacht der Hexerei kommen konnten, zeigt Spee an folgendem Beispiele, das trotz der ernsten Seite des Humors nicht entbehrt. „In einer berühmten Stadt Deutschlands," erzählt er, „ereignete sich kürzlich, daß der Fürst zwei Ordensmänner zur Tafel lud. Während des Essens fragte der Fürst den einen von ihnen, ob es wohl billig und recht sei, jene foltern zu lassen, welche von 10—12 Hexen als Mitschuldige bezeichnet worden wären." Der Pater erwiderte lebhaft: „Daran ist durchaus nicht zu zweifeln, und man darf sich deshalb durchaus keine Gewissensskrupel machen; denn es ist ganz undenkbar, daß Unschuldige von so vielen Zeugen denunziert werden." Der Fürst antwortete hierauf lächelnd: „Dann dauert mich Euer Los, mein Pater, weil Ihr hiermit Euch selbst das Urteil gesprochen habt. Nicht weniger als fünfzehn Hexen haben neulich auch Euch als Mittänzer bei ihren Zusammenkünften angeklagt. Ich kann Euch auf der Stelle die Akten bringen lassen, wenn Ihr selbst ihre Aussagen hierüber nachlesen wollt.“ Der gute Pater, vor Schrecken erstarrend, senkte das Haupt und wußte auf diesen Einwand kein Wort mehr zu erwidern.“

Die Cautio criminalis hatte allerdings nicht den Erfolg, daß nun mit einem Schlage die Hexenprozesse aufhörten, sie haben im Gegenteil noch gewaltig getobt, aber es bleibt dieses Werk trotzdem der Anstoß, daß endlich einsichtigen Leuten die Augen geöffnet wurden. Viele Gegner des Hexenwahnes berufen sich später in ihren Werken auf die Cautio criminalis, und Spee gilt heute bei allen Geschichtskundigen als der Mann, der dem Hexenwahn endlich die Spitze gebrochen hat.

Im Mai 1907 wurde Friedrich von Spee in der Jesuitenkirche zu Trier ein Denkmal errichtet. Es stellt den großen Gelehrten als Kämpfer gegen den Hexenwahn und zugleich auch als demütigen Jesuiten dar. In der rechten Hand hält er eine Feder und in der linken ein Buch, das wohl an die Cautio criminalis erinnern soll. Der linke Fuß ruht auf einem Holzblock, der symbolisch die Verbrennung der Hexen auf Holzstößen darstellt. Darunter steht auf einem Sockel: Friedrich v. Spee-Langenfeld 1591—1635 und das Speesche Wappen. (Siehe das Titelbild.)

Mit Friedrich von Spee wollen wir die Bekämpfer der Hexenprozesse abschließen. Wir könnten hier allerdings noch die edle Kaiserin Maria Theresia von Oesterreich als entschiedene Gegnerin des Hexenwahnes nennen, doch verweisen wir auf das Seite 60 Gesagte.

* * *

Die letzten Scheiterhaufen loderten in Würzburg im Jahre 1749, wo man das letzte Opfer dieses Wahnes, die Klosterfrau Maria Renata (Seite 84), verbrannte; in Quedlinburg 1750, in Glarus (Schweiz) 1783 und im Posenschen 1793. In Quedlinburg wurde im genannten Jahre eine angebliche Hexe erwürgt und dann verbrannt. Im Posenschen waren es zwei Frauen, die als „Hexen" den Scheiterhaufen bestiegen. Hoffentlich sind dieses die letzten Fälle dieses unseligen Wahnes.

Schluß.

Wir sind am Schlusse unserer Ausführungen! Werfen wir über das Ganze nochmals einen kurzen Rückblick, so können wir nur mit Schmerzen und Wehmut dieser Zeit gedenken, in der so viele Unglückliche, besonders Frauen und Jungfrauen, unschuldig in den schrecklichen Kerkern geschmachtet haben, unmenschlich auf der entsetzlichen Folter gemartert und endlich des schändlichsten unnatürlichen Todes gestorben sind. Der Hexenwahn war eine böse Zeitkrankheit, die den Kindern gleichsam von den ersten Tagen ihres Daseins an schon eingeimpft wurde.

Die Betrachtung dieser traurigen Zeit führt den Leser zu einer doppelten Erkenntnis. Man hört und liest so oft von dem „*finstern Mittelalter*“. Die Hexenprozesse fallen nicht, wie wir gesehen haben, in dieses „finstere Mittelalter“, sondern sie gehören der neueren Zeit an. Wohl lassen sich vereinzelte Fälle von Hexenverfolgungen im Mittelalter nachweisen, doch waren diese nicht von solch fürchterlichen Erscheinungen begleitet, wie es in der Blütezeit der Hexenprozesse der Fall war. Zweitens hört man so oft die „*gute alte Zeit*“ rühmen. Wenn es auch heute der Kreuze und Leiden und Widerwärtigkeiten auf der Welt noch genug gibt — diese werden eben bleiben, solange die Welt steht — so schwebt doch über unsern Frauen und Jungfrauen nicht mehr das Damoklesschwert des Hexenwahnes, und sie werden gewiß nicht die so vielgepriesene „gute alte Zeit“ zurückwünschen.

Nach dem letzten unglückseligen Kriege ist im Osten ein neuer „Glücksstern“ aufgegangen, der russische Sowjetstern, der die Welt mit einem neuen Heidentume zu beglücken sucht. Wes Geistes Kind dieser neue Stern ist, zeigen seine Anhänger und Nachläufer dadurch, daß sie sich Judas Ischariot als Patron erwählt haben. Dieser „Glücksstern“ hat schon in wenigen Jahren mehr Opfer gefordert als der gesamte Hexenwahn in allen Jahrhunderten. Er sucht und findet auch in Deutschland seine Anhänger, und ein neues Heidentum breitet sich auch hier immer weiter aus. Wenn uns der Allmächtige nicht vor diesem Stern bewahrt, dann wird auch Deutschland vielleicht noch einen größeren Wahn mit weit zahlreicheren Opfern erleben, als sie der Hexenwahn gefordert hat. (Eine ausführliche Abhandlung hierüber brachte die Wochenschrift „Das Neue Reich“ 1924 in den Nummern 5, 6 und 7, Verlag Tyrolia, Innsbruck unter „Rußlands Kulturkatastrophe“.)

Dem einen oder andern Leser hat sich wohl die Frage aufgedrängt: Waren denn alle diese Opfer des Hexenwahnes unschuldig? Zur Beantwortung dieser Frage verweisen wir auf das Urteil der Gegner dieses Wahnes, besonders auf das Urteil des Jesuitenpaters Friedrich von Spee. Gewiß waren unter den Angeklagten einige, die auch heute noch mit schweren Kerkerstrafen ja sogar mit dem Tode bestraft würden, da sich Mörder, Totschläger, Diebe und Unzüchtige unter denselben befanden. Auf solchen Verbrechen stand aber nach damaliger Rechtsprechung die Todesstrafe. Zweifellos waren aber mindestens 90 Prozent der Hingerichteten unschuldig. Allem Anscheine nach befanden sich unter den unglücklichen Opfern dieses Wahnes auch manche Schwachsinnige oder gar Irrsinnige, die sich wirklich für Zauberer und Hexen hielten. Diese Armen, die man heute liebevoll in Irrenhäusern unterbringt und dort zu heilen sucht, hatten damals ein schweres Los. Und wie viele mögen wohl aus Angst und Schmerzen um ihren Verstand gekommen sein!

Diese Hexenprozesse spielten sich nicht nur in unserm deutschen Vaterlande ab. Auch Frankreich, Italien, Spanien, England, Dänemark, ja, wir können sagen, ganz Europa litt mehr oder weniger unter dieser Zeitkrankheit. Doch haben wir diese Prozesse in den nichtdeutschen Ländern nicht in den Kreis unserer Betrachtung gezogen, da wir uns nur als Aufgabe gesetzt hatten, die Hexenprozesse in Deutschland zu beleuchten, wie es dem Rahmen dieser Sammlung entspricht.

Mag auch der Hexenwahn in der geschilderten Weise der Vergangenheit, der Geschichte angehören, so wird doch ein genauerer Kenner unserer Zeit nicht leugnen können, daß immer noch Spuren dieses Wahnes im deutschen Volke, namentlich unter ländlichen Bewohnern, zu finden sind. Da glauben noch manche steif und fest, daß das Vieh behext werden könne, daß es zu kränkeln beginnt und verendet. (Wir verweisen auf die Fußnote Seite 130.)

Ein Landwirt aus der Nähe von Werden an der Ruhr erzählt in den „Heimatblättern" folgendes Stückchen aus der Mitte des 19. Jahrhunderts: „Mir sagte einst ein alter Pastor, daß die Geistlichkeit in jener Zeit diesem Aberglauben (das Vieh könnte behext werden) gegenüber einen sehr schweren Stand gehabt habe; in vielen Fällen sei ihr nichts anderes übrig geblieben, als auf die Ansichten des Volkes einzugehen, da die

Leute mit Vernunftgründen von ihrem Wahn nicht abzubringen gewesen seien. Ein Oheim von ihm, der Pastor in B. gewesen, sei einst von seiner eigenen Schwester, der Frau des Schulten ... gebeten worden, nach ihrem Hofe zu kommen, weil es in ihrem Kuhstalle nicht mit richtigen Dingen zugehe; die Kühe gäben fast gar keine Milch mehr. Auf die Erwiderung des geistlichen Bruders, sie möge die Kühe nur ordentlich füttern, dann würden sie wohl auch Milch geben, sei die Schwester sehr erregt geworden und habe gemeint, ob er vielleicht einer von den „Neuen" sei, die keine Macht über die Hexen hätten; dann müsse sie sich an einen andern, ältern geistlichen Herrn wenden. Als der Pastor nun gesehen, daß hier mit Vernunftgründen nicht auszukommen sei, habe er seine Schwester beruhigt und ihr gesagt, was andere geistliche Herren könnten, das könne er auch; sie möge nur ruhig nach Hause gehen, er werde in den nächsten Tagen auf den Hof kommen. Einige Tage darauf sei er dann auch hingegangen und habe das Haus über die große Tenne, deren Seiten die Viehställe in den westfälischen Bauernhäusern einnehmen, betreten. Dort habe er die Viehmagd angetroffen und gefragt, womit sie jetzt die Kühe füttere. Die Antwort lautete: Mit Stoppelrüben und Stroh; die Weide könne man nicht rechnen, die sei ganz kahl, da es auf den Winter gehe. Nun habe der geistliche Herr die Magd beauftragt, auf seine Verantwortung heimlich Frucht nach der nahe gelegenen Mühle zu schaffen und mahlen zu lassen; von dem Mehl solle sie den Kühen täglich etwas geben, aber ohne daß die Frau es merkte. Seiner Schwester habe er dann gesagt, er wäre schon im Kuhstall gewesen; sie solle sich nur einige Tage gedulden, dann werde es mit der Milch wohl besser werden. Nach acht Tagen sei denn auch seine Schwester zu ihm in die Pastorat gekommen, um ihm freudestrahlend mitzuteilen, daß sie nun von den Kühen wieder mehr Milch hätten. Als sie ihm danken wollte, habe der Pastor sie aufgeklärt und sich auf das Zeugnis der Viehmagd berufen können." — —

Mögen auch diese letzten Reste dieses unseligen Wahnes endlich aus den Köpfen unseres deutschen Volkes verschwinden und die Menschen sich an den einen wahren Gott halten, der die Geschicke der Menschheit lenkt und der nimmermehr dem gefallenen Engel eine solche Macht über die Menschheit, die sein Sohn Jesus Christus mit seinem kostbaren Blute erkauft hat, einräumen wird, wie zur Zeit des Hexenwahnes von vielen Leuten geglaubt worden ist.

Literatur.

Soldan-Heppe, Geschichte der Hexenprozesse.

Jansen, Geschichte des deutschen Volkes.

Diefenbach, Der Hexenwahn vor und nach der Glaubensspaltung in Deutschland.

Rapp, Die Hexenprozesse in Tirol und ihre Gegner.

Haas, Die Hexenprozesse.

Wolfgang Menzel, Geschichte der Deutschen.

Müller, Beiträge zur Geschichte des Hexenglaubens in Siebenbürgen.

Hennen, Ein Hexenprozeß aus der Umgebung von Trier.

Seemann, Hexenprozesse im Stift Essen.

Sprenger und Institoris, Der Hexenhammer.

Hansen, Quellen und Untersuchungen zur Geschichte des Hexenwahns und der Hexenverfolgung im Mittelalter.